DIVERSITIES

DIVER

Anna Detheridge
Lóránd Hegyi
Jean-Hubert Martin
Carlos Basualdo
Hasegawa Yuko

SITIES

L'Europa
e gli "altri"

Europe
and the
"Others"

CHARTA

Progetto grafico/Design
Gabriele Nason

Coordinamento redazionale
Editorial Coordination
Emanuela Belloni
Elena Carotti

Redazione/Editing
Giorgia Kapatsoris
Charles Gute

Traduzione/Translation
Simonetta Fadda
Emanuela Gini

Copy e Ufficio stampa
Copywriting and Press Office
Silvia Palombi Arte&Mostre, Milano

Grafica Web e promozione on-line
Web Design and On line Promotion
Barbara Bonacina

Edizioni Charta
via della Moscova, 27
20121 Milano
Tel. +39-026598098/026598200
Fax +39-026598577
e-mail: edcharta@tin.it
www.chartaartbooks.it

Printed in Italy

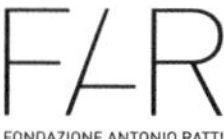
FONDAZIONE ANTONIO RATTI

Questo libro è stato pubblicato a seguito del Forum Internazionale per le Arti Visive *L'Europa e gli "altri"*, a cura di Lóránd Hegyi, organizzato dalla Fondazione Antonio Ratti di Como il 28 Febbraio 2004.

La Fondazione Antonio Ratti ringrazia Giuseppe Liverani e tutto lo staff di Charta.

This book follows the International Forum on Visual Arts "Europe and the 'Others'" curated by Lóránd Hegyi and organized by the Antonio Ratti Foundation in Como on February 28th, 2004.

The Antonio Ratti Foundation wishes to thank Giuseppe Liverani and the whole staff at Charta.

Sommario / Contents

Benvenuto

Ringrazio e dò il benvenuto ai relatori, colleghi, amici e ospiti che hanno accettato il nostro invito. Con il forum si inaugura un ciclo di eventi progettati dalla Fondazione Antonio Ratti per il 2004-2005, dedicati all'allargamento dell'Unione Europea. Questo simposio è inoltre il primo di una serie di appuntamenti biennali pensati per ampliare la discussione su alcuni aspetti dell'arte in connessione al nostro corso di arti visive che esiste già da dieci anni.

Il tema dell'altro è stato già largamente discusso in relazione al dibattito sulla globalizzazione e sul post-colonialismo, nei termini di una progressiva e violenta scomparsa di ogni dimensione originale di differenza; se si considerano tuttavia gli strumenti e le fonti di un dibattito così ampio, si scopre che necessariamente privilegiano i principali domini coloniali dell'Occidente (Asia, Africa, Sud America) e che sono terreno di ricerca quasi esclusivo della sociologia e dell'antropologia. Ci sono state però meno occasioni di riflettere sull'identità europea come nuovo insieme complesso, comprendente l'Est, e di investigare come l'arte operi direttamente in questi processi complessi. Per questo l'incontro di oggi assume un significato particolare. Le stesse arti visive sono attraversate da un profondo processo di trasformazione, che dalla prevalenza di una cultura dominante le ha portate alla contaminazione con altre culture.

Questa contaminazione mette in crisi il ruolo centrale dell'Europa – che l'Europa stessa si è attribuita – facendo emergere nuovi scenari che obbligano a una riflessione a più livelli.

Mi auguro che questo incontro possa produrre un dibattito significativo per la comunità artistica internazionale e anche per noi che siamo qui oggi.

Annie Ratti
Presidente Fondazione Antonio Ratti

Welcome

I would like to thank and welcome our distinguished speakers, colleagues, friends, and the guests who accepted our invitation. This Forum opens a number of events that will be organized by the Antonio Ratti Foundation during the period 2004–2005 and will focus on the European Union's enlargement. Furthermore, this symposium is the first of a series that will be held every two years to discuss aspects of art in connection with our visual art course.

The issue of "the other" has already been extensively discussed in the framework of the debate about globalization and post-colonialism, in terms of the progressive and violent vanishing of any original dimension of difference.

Yet, if we consider the tools and the sources of such an enormous debate, we discover that they necessarily privilege the main colonial heritages (Asia, Africa, Latin America), and, moreover, that they seem to be the exclusive domain of social and human sciences.

There have been definitely fewer chances to talk about European identity as a new complex whole, comprehensive of the East, as well as fewer chances to question how art directly operates in those complex processes.

This is why this Forum could have particular relevance.

Visual arts are undergoing a sweeping change, namely from a dominant culture to a contamination with other cultures. This contamination challenges the central role of Europe, the one Europe has laid claim to. As a consequence, new scenarios are emerging and they require a deeper reflection at different levels.

I do hope that our meeting will result in an important debate for the international art community and for all of us who have gathered here.

Annie Ratti
President Antonio Ratti Foundation

Apertura

Io vorrei soltanto inquadrare questa giornata di studi *L'Europa e gli "altri"* – che potrebbe anche essere ribaltata in *Gli "altri" e l'Europa* – ponendo ai nostri relatori e a chi seguirà questa giornata alcune domande – magari anche provocatorie – relative al continuo ribaltamento di prospettive che caratterizza il mondo contemporaneo, dove Occidente, Europa, globalizzazione sono parole che volano e che non hanno più àncora; queste domande riguardano un concetto che l'economista e il premio Nobel indiano Amartya Senn, in un articolo interessantissimo apparso su *La Repubblica* di oggi, definisce "immaginazione morale". Nei loro tentativi di trovare un modo per relazionarci con gli altri, Amartya Senn e Martha Nussbaum hanno preso molti spunti dalla letteratura e dalle arti visive.

In questo orizzonte di prospettive ribaltate si può pensare per esempio al poema bellissimo e importantissimo di Derek Walcott, *Omeros*, una sorta di odissea moderna dell'uomo nero che viene da un'isola caraibica attraversata dal vento e dove la terra e il mare sono la struttura, il complesso in cui vive; al termine di un viaggio fantastico sottomarino arriva in Europa e trova delle città di pietra, una società e un mondo duri, difficili e impenetrabili. Ancora una volta attraverso la letteratura, attraverso romanzi come *Hard Times* di Dickens – una precocissima critica al pensiero neopositivista privo di immaginazione – e tutta una serie di letture di autori più recenti, possiamo iniziare a immaginare il punto di vista e la prospettiva dell'altro.

Allora io vorrei chiedere alle persone presenti: qual è il ruolo dell'intellettuale oggi? È quello di essere un intellettuale organico, di riflettere ed essere portavoce in qualche modo di una cultura nazionale, di una cultura in cui ognuno è immerso volente o nolente, oppure non potrebbe essere piuttosto quello che Edward Said ha suggerito, ossia quello del "dilettante"? Said usa questo termine con un intento specifico, intendendo per dilettante non l'amatore, ma colui che non è investito di interessi particolari, un osservatore o "outsider" che si può permettere di dubitare e di dire liberamente ciò che pensa, non solo a coloro che sono al potere, ma anche a quelli che comunque il potere non l'hanno o lo contestano.

Altro tema, visto che quest'incontro riguarderà soprattutto le arti visi-

ve, è il ruolo del curatore. Qual è oggi il ruolo del curatore in un mondo globalizzato? È un ruolo di intellettuale, è un ruolo che si inquadra nella cultura nazionale o locale, oppure è il ruolo di chi deve guardare oltre la propria cultura e confrontarsi con la diversità delle culture? Allora, nel momento in cui un curatore opera nell'Occidente – dove comunque esiste un potere anche di cooptazione, al centro del controllo finanziario, che probabilmente in altre parti del mondo non esiste – non ha forse l'obbligo di conoscere a fondo quelle culture su cui interviene e dalle quali pensa di portare o prelevare dei talenti? Se non lo fa o se lo fa in maniera, forse, personale e arbitraria, non può essere colpevole di esotismo e di nuovo orientalismo? L'Occidente ha sempre avuto bisogno di novità e non ha mai avuto troppi problemi nell'andare per il mondo e scegliere fior da fiore, ma questo oggi non è un'operazione sospetta, se non addirittura di neocolonialismo?
Queste sono tutte domande che dobbiamo porci, perché nel momento in cui il curatore occidentale preleva talenti da un mondo che non conosce, di fatto la cosa non è senza conseguenze, perché quando si ignora non solo la diversità ma anche quello che negli ultimi decenni si è sviluppato in questi paesi, si ignora lo sviluppo di quei paesi stessi e si tende come sempre a puntare il dito sulla diversità. È giusto rispettare la diversità ma ci sono anche molte somiglianze. È giusto andare in Nigeria e scegliere un artista che può sembrare, a noi occidentali, interessante per un suo coté folkloristico, e non voler conoscere l'importantissimo processo di modernizzazione che ha rappresentato il movimento moderno di Lagos, per esempio?
Ecco, sono tutte domande che io pongo ai curatori e ai relatori, professionisti e protagonisti della scena internazionale qui con noi oggi, in questo momento sicuramente i più abilitati a parlare.
Darei subito la parola a Lóránd Hegyi, che oggi è direttore del Museo Saint Etienne e che è stato per lungo tempo anche direttore del Museo di Arte Moderna di Vienna.

Anna Detheridge

Opening

I would simply like to open this workshop on "Europe and the 'Others,'" which might also be titled "The 'Other' and Europe," by asking not only the speakers but also the audience some—maybe challenging—questions, in the framework of the ongoing turnaround of perspectives featured by the contemporary world, where the West, Europe, and globalization have become loose words without an anchor. These questions relate to something that the Indian economist and Nobel prizewinner Amartya Sen, in a very interesting article published in today's *La Repubblica*, calls "moral imagination." In their attempts to find a way to understand how we can relate to others, Amartya Sen and the philosopher Martha Nussbaum have been greatly inspired by the creative imagination—both literature and the visual arts.

In the light of this turnaround of perspectives, I think it is maybe worth mentioning a beautiful and very important poem by Derek Walcott, entitled *Omeros*. This poem is a sort of modern Odyssey about a black man from a windswept island in the Caribbean, where the land, the earth, and the sea are structural to the environment in which he lives. At the end of a fantastic voyage under the sea he arrives in Europe, where he finds cities of stone, a society and a world that are hard, difficult, and impenetrable. Again through literature, as in a novel like *Hard Times* by Dickens, a very early polemic against unimaginative neopositivist thinking, and more contemporary readings of hybrid authors, we can begin to imagine and place the viewpoint and the perspective of "the other." I would therefore like to ask those present: What is the role of the intellectual today? Must they be organic intellectuals? Must they reflect and somehow be spokespersons for their national culture, the culture where they live, or could their role be that suggested by Edward Said, namely that of the "dilettante"? Said uses this term with a very specific intent. The role of the dilettante is not that of the amateur, but of the person who is without vested interest, the *observer* or *outsider* who can afford to doubt, to say freely what he thinks, not only to those in power but also to those who have no power or who challenge it.

Since this forum will mainly focus on visual arts, another issue to be debated is the curator's role. What is their role in the present-day globalized world? Is theirs the role of the intellectual, rooted in their national or local culture, or is it the role of someone who has to look beyond their culture and confront other cultures? Shouldn't the curators in the West—where there is a much greater power of cooptation, at the center of financial control that for the moment does not exist anywhere else—have a thorough knowledge of the culture where they work and from where they plan to bring or to take talented people? If they do not do it, or do it arbitrarily, shouldn't they be declared guilty of exoticism or of some new kind of orientalism? The West has always yearned for novelty and has never had a problem with going all over the world to select *la crème de la crème*. But today, isn't this an operation which could be suspected of neocolonialism?

We have to address all these questions, because when it happens that a Western curator takes talented people from a culture she/he's not familiar with, this has consequences: if you know nothing about diversity and about what has happened in those countries over the last few decades, you ignore the development of those countries and almost invariably tend to point a finger at diversity. It is right to respect diversity, but there are many similarities as well. Is it right to go to Nigeria and choose an artist whom we in the West may consider interesting for his folkloristic aspects, without knowing the very important modernization process and the modernist movement in Lagos?

These are the questions I'd like to ask the curators and the speakers, who are professional people and currently among the leading players on the international scene, and certainly the most qualified people to provide an answer.

I now give the floor to Lóránd Hegyi, director of the Museum of Saint-Etienne and former director of the Museum of Modern Art in Vienna.

Anna Detheridge

Identità e alterità in Europa
Lóránd Hegyi

L'Europa e gli "altri". Perché è stato scelto questo titolo? Non soltanto a causa dell'intensissimo dibattito contemporaneo sull'identità europea a livello politico, culturale ed economico, o per i conflitti tra le religioni, le ambizioni nazionali, i gruppi etnici e le altre minoranze, tutti divenuti più intensi e violenti nel corso dell'allargamento dell'Unione Europea. Il cambiamento dell'Unione Europea in organizzazione politica, economica, giuridica e, soprattutto, culturale ha contribuito infatti a rendere gli europei più consapevoli dei differenti contesti ideologici, religiosi ed etnici e della funzione della costruzione politica, economica e militare dell'Unione Europea. In verità, però, il problema che dobbiamo affrontare con sempre maggiore urgenza è quello di stabilire cosa sia, in realtà, l'identità europea e come si possa definire la questione dell'identità in Europa, che non sono esattamente lo stesso problema.

Quando si parla di identità europea, si crea una comunità dotata di propri valori culturali, morali, politici ed etici peculiari, i quali producono la sua identità. Parlare, invece, della questione dell'identità in Europa, implica già che in Europa esistano identità differenti – e questo è normale e assolutamente logico sul piano storico. Le diverse identità sono il prodotto di processi molto complessi sul piano storico, economico, sociale, culturale e mentale e se una società non è in grado di accettare la differenza e la diversità storicamente date, nella maggior parte dei casi si creano profonde crisi relative all'interpretazione che quella società ha del proprio ruolo e posto, causando vari meccanismi di reazione a questa difficoltà di auto valutazione, una difficoltà che riguarda quella società e la sua capacità di accettazione degli altri. In qualsiasi caso, si verificano meccanismi di autodifesa, strategie isolazioniste, nonché meccanismi di aggressione, esclusione ed eliminazione.

Innanzitutto, desidero puntualizzare che l'Europa è un continente diviso e che lo è sempre stato moltissimo. Se si vuole parlare di identità europea, bisogna cominciare col definire l'identità come multi-identità. Probabilmente, l'Europa è uno dei continenti più divisi del mondo e lo è sempre stata in tutto il corso della sua storia. Questa diversità a livello politico, economico, culturale ed etnico è sempre stata un fenomeno tipicamente europeo. Per esempio, per quanto riguarda la divisione, un'idea tipica, per non dire un cliché, è l'antagonismo tra "Est" e "Ovest" – un simbolo politico ed economico importante nelle divisioni interne all'Europa nel corso della storia moderna che in seguito, negli anni della guerra fredda, è stato definitivamente assolutizzato –, oppure l'antagonismo tra "Nord" e "Sud", che apre una serie di questioni culturali legate all'identità: Sud vuol dire la cultura greca, latina, mediterranea. Ha a che fare con la grande tradizione culturale della Grecia, con le prime democrazie politiche, col grande impero ellenistico da Alessandro Magno fino al tardo ellenismo. Il Sud significa la comunità mediterranea, mentre il Nord è la cultura germanica, che in un certo senso è agli antipodi rispetto al mondo "classico" greco e latino; il Sud è associato alla cultura antica e il Nord al medioevo. In modo paradigmatico, qui dobbiamo subito misurarci col fatto che uno dei momenti più essenziali dell'identità europea – il Sud, l'"identità mediterranea" – sul piano etnico è misto, su quello culturale ha prodotto una civiltà incredibilmente ricca e multi-identitaria.

Se pensiamo che il centro dell'antica cultura greca non era in Europa, ma si trovava in realtà in Asia; se consideriamo il modo in cui la filosofia greca reagì a quella egiziana e se riflettiamo, inoltre, sul fatto che il contesto etnico di questa cultura mediterranea del sud era assolutamente misto e diviso, appare allora con grande evidenza che uno degli elementi alla base dell'identità europea, la tradizione classica – che però è sempre stata considerata un fenomeno puramente europeo: una delle sue forme più recenti e strane è il Walhalla tedesco, qualcosa di veramente bizzarro, visto che si tratta dell'adattamento tedesco di un antico sogno greco – non è mai stata puramente europea, perché ha tratto moltissimi elementi dalle culture dell'Egitto e dell'Asia. Abbiamo sempre considerato la cultura classica e il rinascimento come fenomeni puramente europei. Da un lato, è stato certamente così, ma in origine, dal punto di vista di una genealogia dell'identità, si è trattato di fenomeni multi-identitari.

Un altro esempio della divisione dell'Europa è la grande separazione avvenuta in seguito, nel II e III secolo: da una parte l'Impero Romano e dall'altra gli "altri", il che voleva dire la cultura latina da un lato, e i "barbari", dall'altro. I barbari, anch'essi europei – erano soprattutto tribù germaniche – sono stati considerati per lungo tempo non europei, non appartenenti all'identità europea e nemmeno al mondo civilizzato: erano semplicemente barbari. La loro era una cultura barbara, i cui elementi barbari erano connotati come primitivi, aggressivi e distruttivi.

In seguito, l'impero romano latino fu diviso in due diversi centri politici e culturali – Roma e Bisanzio, Impero Romano d'Occidente e Impero Romano d'Oriente. Non c'era soltanto la divisione tra l'impero e i barbari e tra la civiltà occidentale e quelle orientali; c'era anche una divisione interna al gigantesco impero latino, con un elemento molto importante: la religione. Con "divisione religiosa interna alla Cristianità" non mi riferisco ai molti modelli differenti di Cristianesimo, ma alla religione cristiana ufficiale dell'impero romano latino, quella che è stata divisa in due diverse parti, in accanita lotta tra loro. Dietro alla lotta tra le due interpretazioni della religione cristiana, c'erano modelli diversi di struttura del potere, di ideologia, di organizzazione della società e della sua legittimità. Era questo, il vero conflitto ideologico e militare tra le due parti di quello che un tempo era un unico impero uniforme.

Poi, per tutto il medioevo, la cultura europea cristiana si è trovata a confrontarsi con la cultura araba musulmana. La storia della Spagna mostra ancora oggi gli effetti di questa profonda divisione. Si può dire che l'Europa e la sua civiltà abbiano integrato le culture ebraica e arabo-musulmana – ma allo stesso tempo sono state molto esclusiviste e repressive. Il mondo cristiano non ha mai veramente adottato gli elementi di tali culture. La Spagna, fino alla fine della *Reconquista*, è l'unico incredibile esempio culturale di fusione delle tre grandi religioni monoteistiche basata sulla cultura latina, romana, greca ed ebraica. Sappiamo bene che la filosofia greca ci è arrivata attraverso la cultura arabo-musulmana, riaffiorando nella coscienza europea tra la fine del XII e l'inizio del XIII secolo per dare origine a grandi discussioni teologiche e radicali riforme.

In seguito, nel mondo cristiano si creò un'altra importantissima e drammatica frattura: la Riforma e i suoi diversi movimenti, da Hus a Lutero e Calvino, che divise ancora una volta la civiltà cristiana occidentale. Successivamente, in seno alla religione cristiana cattolica occidentale scoppiò un altro incredibile conflitto. Se si considera la storia europea e la guerra dei Trent'Anni – la prima guerra moderna – causa di distruzioni incredibili che segnano ancora oggi importanti zone della Germania – la Germania dell'Est per esempio –, si vede bene a qual punto la cosiddetta identità europea, basata sulla cultura classica latina e greca e sul cristianesimo, non fosse né uniforme, né stabile, ma fosse piuttosto basata sulla revisione dei valori e sulla divisione permanente.

"Illuminismo contro valori tradizionali in ambito culturale": ecco una nuova divisione tra Europa moderna ed Europa tradizionale, tra il razionalismo e la visione del mondo religiosa e mitologica, ma anche tra Est e Ovest. Marx ha parlato di una divisione tra "est e ovest dell'Elba", come di un aspetto importante che spiega la diversa evoluzione dei territori dell'Europa. Non si tratta soltanto di strutture sociali diverse e di modelli di produzione economica differenti, ma anche di una divisione per così dire nascosta, che si è fatta sempre più forte dopo il XVIII secolo, fino a divenire manifesta all'epoca della rivoluzione industriale.

La nuova divisione dell'Europa non era più quella tra Sud e Nord, ma quella tra Est e Ovest, cominciata nel XVII-XVIII secolo. Nel XX secolo, questa profonda divisione tra Est e Ovest si fece ancora più drammatica – specialmente dopo il periodo 1945-1949, durante la cosiddetta Guerra Fredda e la "cortina di ferro". Strano a dirsi, ma la linea segnata dalla divisione militare è quasi identica a quella creata dalla divisione avviatasi nel XVIII secolo. La divisione della Germania in due fu il risultato di una decisione militare e strategica, ma la linea di confine era la stessa di cui aveva scritto Marx circa centoventi anni prima, parlando di una strana divisione tra la forma capitalistica di produzione e il sorpassato sistema feudale – la cui arretratezza cresceva man mano che ci si spingeva più a est. Questa è l'originalissima complessità della divisione dell'Europa in termini di cultura, di economia e di politica. L'ultima divisione è stata il conflitto Est-Ovest, che oggi sembra stia lentamente arrivando a una conclusione e che forse, con l'allargamento dell'Unione Europea, si relativizzerà in una qualche misura, anche se non completamente. In merito alla divisione Est-Ovest, tutta la discussione sul futuro dell'Europa riguarda in realtà il modo in cui riuscire a integrare i territori dell'est – che non fanno parte dell'Unione Europea, ma che sono sempre territori europei – e le diverse culture dell'est europeo, con le loro tradizioni e comportamenti culturali completamente diversi.

Un'altra importante questione, oltre alla divisione economica e storica, è quella della creazione di modelli differenti di identità europea. Un modello è quello in cui l'identità è creata dall'interno. Il che significa, in senso socio-psicologico, la creazione dell'identità della maggioranza, della coscienza della maggioranza. La maggioranza crede di essere normale e che gli altri non lo siano, e lo dice. Gli altri sono i diversi. Sembrano diversi dalla gente "normale", "ordinaria".

C'è, però, anche un altro modello: la creazione dell'identità delle minoranze, che è molto più consce e consapevoli del loro essere diverse. Le minoranze dicono: "Noi siamo diversi e gli altri, la maggioranza, sono normali". È un modo masochista di creazione dell'identità, che induce una forte reazione di potenziamento dei segni visibili dell'identità – la lingua, la religione, ma anche i vestiti e i comportamenti. Di solito, le minoranze interne alla cultura della maggioranza hanno bisogno di presentare la propria identità esagerandone le forme, perché temono di perderla; di conseguenza, si creano un'identità ancora più forte, per lo meno sul piano dei segni e dei simboli. Molto spesso, invece, le culture e le ideologie espresse dalla maggioranza sono recessive, ma non hanno la necessità di creare segni esteriori della propria identità, essendo la maggioranza: loro sono i "normali", sono il centro, mentre la minoranza è la periferia. La maggioranza non teme di perdere la propria identità, i propri comportamenti, la propria cultura, semplicemente perché la sua egemonia è evidente.

Nel rapporto tra minoranze e maggioranza in Europa, una delle questioni più importanti è quella della cultura ebraica, che è sempre stata una specie di tabù perché mostra in modo molto chiaro i diversi modelli di elaborazione di questo nodo complesso. Forse, oggi in Europa si stanno verificando fenomeni e reazioni molto simili, nei confronti della presenza sempre più forte della cultura musulmana. A partire dal medioevo, pressoché "all'interno" dell'Europa cristiana si è sviluppata una diversa e importantissima cultura, la cultura ebraica, che è stata a tutti gli effetti una religione altra seguita da un'unità etnica altra. La divisione tra religione cristiana ed ebraica si presenta come un antagonismo che divide a lungo, per secoli, le due comunità e i loro comportamenti e costumi culturali, anche se in epoca moderna e contemporanea, forse l'identità religiosa – che fino al XVIII secolo ha rappresentato il momento identitario più importante – diviene meno rilevante. Allo stesso tempo, un tipico meccanismo della cultura ebraica è stato l'elaborazione di diversi modelli di assimilazione, ovvero di comportamenti atti a rinnegare l'identità ebraica o a nasconderla, per poter comunque sopravvivere.

Dal XVIII secolo, determinati elementi della filosofia e della politica ebraiche divennero parte o, addirittura, furono il motore della modernità e, in quanto tali, finirono per essere considerati sinonimi di riforma moderna del mondo, di rivoluzione, di radicalismo, un processo che vide – tra gli altri elementi – l'assimilazione dell'identità ebraica o addirittura la sua scomparsa, in primo luogo quella della religiosità ebraica. D'altra parte, però, l'ortodossia ebraica divenne più forte, più isolazionista e più nostalgica, ma questo non aveva nulla a che fare con la cultura moderna, poiché si trattava semplicemente di una tipica reazione alla situazione che si era determinata. Temendo infatti di perdere la propria identità, gli ebrei ortodossi diedero maggiore risalto alla propria identità religiosa estremizzando i tratti separatisti e ricorrendo all'isolamento e all'auto ghettizzazione.

Un altro elemento molto importante del nodo relativo all'immagine dell'"altro", è la sua cinica manipolazione politica. Nel XX secolo diversi movimenti culturali, politici e ideologici, nonché diversi sistemi politici – prime fra tutti, le dittature – hanno utilizzato un determinato tipo di immagine dell'"altro". Per lo più, il nemico è stato ed è tuttora identificato con un'immagine dell'"altro" antica; è un nemico antico, anche se questa strategia è banale e palese. Forse, all'inizio non era un nemico, era "solo" diverso. Tuttavia, sono moltissimi gli elementi appartenenti al nemico antico e alle varie immagini dell'altro che sono stati trasferiti nell'immagine del nuovo nemico, sotto la maschera dell'"altro".

Un esempio notissimo: nell'ideologia nazista – che fu una reazione paradossale al marxismo, alla teoria della lotta di classe e all'immagine della società come basata sulle classi – la figura del capitalista veniva identificata in quella dell'ebreo, perché in Germania, nella prima in parte del XIX secolo, il capitalismo riguardava soprattutto i cosiddetti gruppi sociali marginali che non partecipavano al sistema feudale. Gli ebrei, infatti, non potevano comprare terreni, lavorare nel settore dell'agricoltura, o partecipare alla vita politica ufficiale perché la loro religione era diversa. Gli unici settori lasciati liberi erano quelli legati all'economia, all'attività bancaria e all'industria, com'era del tutto logico – e alla luce delle teorie sociologiche ed economiche risulta chiarissimo. Questa nuova forma di produzione, il capitalismo, era perciò in relazione con l'immagine dell'"altro" – *der Fremde*, lo straniero. L'immagine dello straniero incarnava la nuova forma economica e la civiltà moderna. Allo stesso tempo, per l'ideologia nazista anche il marxismo e tutti i movimenti di sinistra, rivoluzionari, anti-capitalistici, culturali, filosofici e politici erano espressioni della cultura ebraica, della distruttiva cultura dell'"altro".

Si è trattato di una manipolazione molto efficace e di grande successo che ha utilizzato un'unica immagine dell'"altro" per due diversi nemici: i comunisti e i capitalisti, entrambi nemici per l'ideologia nazista, perché non rappresentavano la società organica, idealizzata e uniforme basata sulla razza tedesca – *die Rasse*.

Questo tipo di manipolazione è evidente in tutte le dittature. Tutte le immagini dell'"altro" vengono uniformate, rese ancora più semplici e banali e quindi proiettate sull'immagine del nemico. La questione è: perché la creazione dell'identità ha sempre bisogno di un nemico? Perché l'identità? L'identità è una categoria positiva, perché tutti, qualsiasi persona, qualsiasi comunità, anche la più piccola, qualsiasi società basata su elementi linguistici o etnici, possiede un gran numero di valori suoi peculiari. Questo significa che io sono me stesso, che accetto la mia identità liberamente e senza restrizioni. Allo stesso tempo, però, si tratta di una questione molto complicata e complessa, perché la creazione dell'identità è anche creazione di qualcos'altro che non corrisponde esattamente alla mia identità. La grande domanda è: quali sono gli elementi reali, derivanti da fenomeni così complessi a livello politico, economico e sociale, che sono *de facto* differenti?

Questa differenza è un risultato inevitabile dei processi identitari. Allo stesso tempo, all'interno del complesso processo della creazione dell'identità e dell'immagine dell'"altro", sfortunatamente c'è sempre un certo grado di omologazione, standardizzazione, semplificazione. Il fatto è che è più facile comprendere qualcosa di semplificato – una sola immagine – che qualcosa di molto complesso.

Anna Detheridge ha parlato del ruolo degli intellettuali, dei curatori e dei filosofi. Uno dei nostri più importanti compiti morali – oltre che sfida intellettuale e dovere – è quello di impegnarci costantemente per far vedere la complessità e lottare contro la semplificazione. La semplificazione è uno dei metodi più pericolosi – se non il più pericoloso – di creazione dell'identità e dei nemici. La semplificazione è riduttiva nei confronti della complessità del reale ed è irrazionale, perché i suoi diversi elementi sono astratti, privi di qualsiasi spiegazione. La semplificazione è negativa. I fatti acquisiscono valori morali ed etici negativi solo a causa della loro identità, un'identità forse vera per metà, comunque semplificata e banalizzata.

Questo è molto pericoloso. Sfortunatamente, il XIX e il XX secolo hanno dato la luce a parecchie tendenze politiche e ideologiche, basate su questa semplicissima equazione: semplificazione più astrazione. Un esempio storico: nella teoria di Rousseau, *le peuple* (il popolo) è – dal punto di vista storico – una categoria astratta e lo è necessariamente, nel quadro della filosofia razionalista, poiché rappresenta un tentativo di spiegare l'ordine sociale senza far ricorso a dio, cioè senza offrire al potere una legittimazione teologica. Il potere non viene né dall'esterno né da dio, ma proviene dal *popolo*, dalla *sovranità del popolo*, che costituisce l'*ultima ratio*. È il popolo che assegna il potere: il popolo sceglie chi rappresenterà la sua sovranità e gli conferisce quel potere che esso, però, può anche riprendersi. *Il popolo* è una categoria universale e astratta. Storicamente, come ho detto, è necessariamente universale e astratta, perché in questo modo elimina tutti i tipi di spiegazione mitologica.

La generazione successiva, i giovani rappresentanti del movimento dello *Sturm und Drang* tedesco – come il giovane Goethe o il giovane Herder – basandosi sul pensiero di Rousseau, cercarono di concretizzare questa categoria di popolo nel tentativo – metaforico – di individuare cosa fosse il *peuple*. Non esiste un *peuple* in senso astratto. Herder scoprì la lingua tedesca come elemento sul quale si basava la comunità. Il popolo, così, non fu più il popolo in astratto, ma *das deutsche Volk*. In tal senso, questa localizzazione non ebbe alcuna conseguenza politica, poiché sul piano intellettuale non rappresentava altro che la necessaria individuazione concreta della categoria astratta.

Goethe si spinse leggermente più in là e individuò il comportamento, lo stile e persino l'arte quali elementi su cui si basa l'identità. In un saggio molto bello sulla cattedrale di Strasburgo – e tuttavia completamente inadeguato sul piano storico – Goethe offre una spiegazione dello stile gotico e delle differenze tra il gotico – che è del Nord, tedesco – e il classicismo – che è della cultura del Sud, latino. Si tratta di una svolta importantissima per l'estetica: in modo ingegnoso, Goethe aveva compreso che la categoria astratta di Rousseau non era sufficiente per spiegare l'identità, perché essa è un insieme di elementi concreti derivanti dai reali processi storici, economici e mentali. D'altra parte, però, Goethe assolutizza le differenze.

In seguito, col classicismo di Weimar, Goethe sarebbe ritornato su una posizione completamente diversa e preromantica. Nel suo saggio iniziale, però, il giovane Goethe scopre l'identità nell'ambito dell'arte e spiega in modo ingenuo – ma allo stesso tempo ingegnoso – lo stile gotico, quale espressione di uno strettissimo rapporto con la natura. Le mura gotiche sono descritte come radici e alberi, il cui insieme crea una sorta di muro. In queste mura, si esprimono le emozioni e la visione del mondo del popolo tedesco, della razza tedesca che viveva nelle foreste. Il gotico è un'idea peculiare del popolo che viveva nelle foreste, che ammirava gli alberi e che aveva creato la propria cultura a partire dagli alberi: da una verticalità organica e irregolare. Era una cultura diretta, che parlava una lingua diretta, molto espressiva e in relazione con la natura. Dall'altra parte, il classicismo utilizza forme verticali e orizzontali pure, non esistenti in natura. In questo caso, si ha a che fare con una cultura che si basa, in modo tipico, sull'artefatto. Tutto è invenzione. L'architettura è un'invenzione. Non rappresenta la natura e i valori naturali. Artefatto significa educazione e mancanza di libertà. Qui troviamo una delle prime formulazioni della libertà – della libera espressione – come valore estetico, naturalmente non nel senso dell'espressionismo, ma nel senso del linguaggio diretto, in relazione col comportamento, le emozioni e la natura.

Alla fine del saggio, Goethe parla del selvaggio, il *sauvage*, e afferma che la voce del selvaggio è più profonda della cultura del classicismo, perché in grado di esprimere l'essere umano in modo più completo rispetto all'educazione formale e all'erudizione culturale del classicismo. Goethe ha creato una differenza tra la cultura del Nord e la cultura del Sud, tra il classicismo e il romanticismo, tra il razionalismo e il sentimentalismo, nell'obiettivo di aprire la strada a una coscienza culturale orientata in senso etnico.

È molto interessante il fatto che Herder e Goethe si siano entrambi espressi contro l'educazione e le forme convenzionali di comportamento sociale. Alcuni anni più tardi, Schiller, nella sua *Ode zur Freude*, parla di una visione del mondo analoga: l'amore riunisce quello che la cultura, la civiltà, l'educazione hanno separato. "*Was die Mode hat getrennt*" ("Quello che la moda ha diviso") – sono le parole usate da Schiller; "Mode" significa anche educazione, cultura e tutte le forme convenzionali di comportamento sociale. La cultura separa realtà e rappresentazione, mentre le emozioni – come la gioia – riuniscono questi elementi.

Goethe, Schiller e Herder scoprono un nuovo tipo di rapporto tra la natura e gli esseri umani, basato su, o in relazione con, la componente etnica. Da questo momento in poi, la cultura europea si avvia verso la concretizzazione di micro-comunità basate su valori etnici, sulla lingua, ma anche sulla religione. La micro-comunità sostituisce così la comunità come forma astratta.

Il mio intervento ha cercato di mettere in evidenza le spinte emotive sottostanti alla creazione dell'identità e alla creazione dell'immagine dell'"altro", di chi non è compreso in questa identità. Inoltre, ha voluto mettere in luce il fatto che la cultura europea, cioè la cultura occidentale – che nella filosofia tedesca è stata chiamata *Abendländische Kultur*, ma non è esattamente lo stesso della cultura occidentale in senso classico – è *de facto* non solo estremamente divisa in senso negativo, ma che fin dall'inizio si è fondata sulla multi-identità in senso positivo. E proprio questo elemento, la multi-identità, non deve essere trascurato nei dibattiti culturali.

Dopo questo lungo discorso, analizzerò solo sette artisti che mostrano alcuni fenomeni, forse di non facile identificazione. Ho scelto opere d'arte del XX secolo assolutamente tipiche e paradigmatiche di una determinata cultura, per la loro provenienza da una particolare micro-comunità culturale, per il contesto intellettuale, spirituale e politico in cui sono state create e per il loro pubblico particolare, formatosi nell'ambito culturale di una determinata micro-comunità. D'altra parte, però, per il mondo esterno, queste opere non sono facilmente identificabili come appartenenti a un ambito culturale piuttosto che a un altro – infatti, non è possibile riconoscere con precisione il luogo e il momento in cui sono state create. Anzi, a dire il vero, queste opere non rappresentano modelli riconoscibili di un'identità particolare eppure, nello stesso tempo, per chi le ha create e per le persone per le quali esse sono state create, queste opere rappresentano una specie di manifesto della loro identità culturale.

Pleschanek è un artista ceco della fine degli anni Venti-inizio anni Trenta, che ha vissuto a Praga, probabilmente uno dei primi artisti ad aver utilizzato i tubi di luce al neon nelle sue creazioni. Inoltre, ha utilizzato anche la bakelite, una plastica trasparente che all'epoca era un nuovo materiale. Il suo intento era di creare una specie di surrealismo agnostico, come lo chiamava lui stesso, qualcosa che stava tra le nuove tecniche e le immagini surreali, tra la ricerca scientifica e la visione artistica. Innanzitutto, naturalmente, per lui si trattava di esprimere il fatto che dio non è chiaramente spiegabile. Siamo nell'ambito dell'agnosticismo, per il quale noi non conosciamo le vere cause della trasformazione. Tutto è in perenne trasformazione, è flessibile e fluido. Pleschanek faceva parte del circolo di Praga che, da un lato, subiva la grande influenza del surrealismo francese e, dall'altro, dell'arte sperimentale russa e polacca, con il costruttivismo e il ricorso alle nuove tecnologie. Contemporaneamente, nell'ambito della filosofia ceca si era sviluppata un'importante scuola agnostica. Per lo stesso Pleschanek e per il suo circolo, questa arte quindi rappresentava un fenomeno tipico di Praga – non soltanto della Cecoslovacchia –, città sensibile all'influenza tedesca, slava e a quella esercitata dalla Francia sull'Europa centrale, nel cui ambito aveva preso forma una combinazione molto strana di diversi elementi culturali.

Ancora a Praga, negli anni Sessanta e Settanta, Karel Malich creava le sue sculture, tutte sospese al soffitto, in un atelier situato al centro della città. Viveva lì. Il suo studio era un punto d'incontro, una specie di club intellettuale. Non bisogna dimenticare che negli anni Sessanta e Settanta l'avanguardia di Praga era stata duramente repressa. Così, si era creata questa sorta di cultura alternativa e parallela. Gli artisti vivevano in casa, non lavoravano, non vendevano e non esponevano. Era una esistenza molto interna, strana, come essere in un acquario. Anche Karel Malich, che scoprì Pleschanek e fu un grande amico di Halupetski – il vecchio esperto surrealista – era considerato un tipico fenomeno ceco, di Praga. Ma una scultura sospesa al soffitto in una mostra internazionale potrebbe benissimo venir confusa con l'opera di un artista asiatico, perché il suo linguaggio non è facilmente riconoscibile.

Stanislav Kolibal, anch'egli un rappresentante del circolo di Praga, agli esordi della carriera usava bellissimi materiali, fragili ed effimeri, creando composizioni astratte in cui solo alcuni punti sono fissati, mentre tutto il resto è mobile, flessibile e fluido. La sua scultura rappresenta in modo preciso quel comportamento intellettuale privo di basi sicure e represso sul piano politico che, intellettualmente, riprendeva elementi diversi dei movimenti d'avanguardia, da cui si è originata la particolarissima scuola di Praga. Questa scuola è molto conosciuta all'interno del paese, ma non all'estero. Questo significa che per chi vi appartiene, l'immagine di quella identità culturale è assolutamente riconoscibile, come una lingua – ma non per gli altri. Abbiamo ancora molto da imparare, per comprendere esattamente le radici di questo atteggiamento intellettuale.

Zdenek Sykora è un pittore – che oggi ha 82 anni – molto interessante nella sua ininterrotta riformulazione di una immagine labirintica, un'immagine caotica, nonostante il processo da lui seguito nell'elaborazione del lavoro sia decisamente razionalista e si basi su Duchamp. L'unico elemento sul quale si basa la sua immagine è riprodotto in differenti forme e colori. A ciascuna forma, colore e dimensione della riga appartiene una determinata forma. Il suo è un vocabolario molto ricco, ma non c'è una conclusione razionale in questo processo. È un processo aperto che potrebbe andare avanti all'infinito. Comincia e finisce soltanto una volta, e questo è tutto. In un certo senso, il metodo razionalista utilizzato da Pleshanek o da Malich perviene alla creazione di una metafora visiva dell'agnosticismo. Questo genere di ironia intellettuale e di agnosticismo è stato adottato da due generazioni di creatori – in ambito letterario si può risalire fino a Kafka e Musil, o a Mukarovsky, che è stato uno dei pionieri della semiotica. Come si vede, si è trattato di un'atmosfera culturale di grande coerenza, che ha espresso immagini della propria identità decisamente riconoscibili per i membri di questa micro-comunità, ma non altrettanto evidenti per il mondo esterno. E anche questo, secondo me, è un tipico elemento della multi-identità culturale dell'Europa.

Il fenomeno della multi-identità è profondamente europeo. Ogni volta che lo si interpreta in un modo o nell'altro, in un senso decisamente etnico oppure decisamente religioso, diviene pericoloso. Negli ultimi due anni, nel dibattito sulla nuova costituzione dell'Unione Europea è sempre ritornata la domanda: è lecito parlare di dio, di cristianesimo, di religione? Questo dimostra che l'identità di un manifesto politico può anche essere basata su un'esclusione negativa, per esempio su una sola religione, o su una sola idea di dio. Il che pone la questione: abbiamo davvero bisogno di questo tipo di identità? È lecito restare nell'ambito dell'idea moderna dell'identità, che non è basata sulla religione?

Questi sono i problemi dell'oggi che secondo me diverranno sempre più cruciali nel futuro. La realizzazione concreta di micro-comunità in ambito culturale è forse il punto più delicato del discorso contemporaneo. Desidero, ancora una volta, sottolineare che gli intellettuali devono assumersi la responsabilità di ritornare sempre sulla complessità senza mai lasciare spazio alla semplificazione, perché la semplificazione è come la creazione del nemico: è riduttiva nei confronti della realtà storica e nel far ciò produce gli elementi su cui si basa l'omologazione.

The other inside Europe
Lóránd Hegyi

"Europe and the 'others.'" Why did we give this title? Not only because of the very intensive contemporary political, cultural, and economic discussions about the European identity on the one hand, but because of the conflicts between religions, national ambitions, ethnic groups and other minorities on the other hand, all of which have become more intensive and more violent in the period of the enlargement of the European Union. The change of the European Union as a political, economic, juridical, and first of all cultural organization sensitizes the European people towards different ideological, religious, and ethnic contexts, and towards the function of the political, economic, and military construction of the European Union. Indeed, we are more and more confronted with the problem of what is actually the European identity and of how we can define the identity issue in Europe, which is not the same problem.

When I speak about the European identity, I create a community with cultural, moral, political, and ethical values that give this community a certain kind of identity. When I speak about the question of identity in Europe, this already implies that in Europe there are different identities—which is normal and completely logical historically. The different identities are products of very complex historic, economic, social, cultural and mental processes, and whenever a society is not able to accept difference—historically given diversity—then there are in most cases profound crises with the interpretation of the owner's role and place in this society, which provokes different mechanisms to somehow react to this crisis of self-evaluation, a crisis regarding itself and a crisis of acceptance of the "others." In any case there are self-defense mechanisms, strategies of isolationism, as well as aggressive, exclusive, eliminating mechanisms.

As a first thesis, I would like to say that Europe is a divided continent, and it has always been a very much divided one. If we want to speak about a European identity, perhaps we could begin by defining identity as a multi-identity. Probably Europe is one of the most divided continents, and it always has been throughout its whole history. This diversity at the political, economic, cultural, as well as ethnic level, has always been a very typical phenomenon of Europe. If we think about some typical visions, if not clichés, of division—like for example the antagonism of "East" and "West"—which became in modern history a central political and economic symbol of European division and which was completely absolutized during the cold war years—or the antagonism of "North" and "South"—that involves a lot of cultural and identity questions: South means Greek, Latin, Mediterranean culture, and it involves the big tradition of Greek culture, the first political democracies, the huge Hellenistic Empire from Alexander until the late Hellenists; South involves the Mediterranean community, North connotes the German culture, a certain kind of antipole to the Greek-Latin "classic" world; South is associated with antic culture and North is associated with the Middle Ages. Paradigmatically, we are immediately confronted with the thought that one of the most essential moments of the European identity—the Southern, quasi "Mediterranean identity"—is ethnically mixed and culturally an incredibly rich, multi-identity culture.

If we think that the center of the old Greek culture was not in Europe, but actually in Asia, and we consider how the Greek philosophy reacted to the Egyptian philosophy and how the ethnic context of this South-Mediterranean culture was completely mixed and divided, then it is very clear that one of the basic elements of the European identity determined by the classic tradition—but regarded as a pure European phenomenon, until the latest and very strange forms like *Walhalla* in Germany, which is very strange because it is a German adaptation of an old Greek dream—was never purely European, because it had so many elements from Egyptian and Asian culture. We regarded Classicism and the Renaissance as a pure European phenomenon. It was so from one side, indeed, but originally, from the point of view of genealogical identity, it was a multi-identity phenomenon.

Another example of division in Europe is the division later, during the 2nd and 3rd century: the Roman Empire and the "others," meaning the Latin culture and the "barbarians." The barbarians, who were also European—mostly from German tribes—were regarded for a long time as not European, as not belonging either to the European identity or to the civilized world: they were barbarians. They had a barbarian culture, with barbarian elements with a lot of primitive, aggressive, destructive connotations.

Later on, the Latin Roman Empire was broken into two different political and cultural centers: Rome and Byzantium, the Western Roman Empire and the Eastern Roman Empire. It was not only a division between the Empire and the barbarians, the Western civilization and the Eastern civilization, but also a division inside the huge Latin Empire, with a very important element: religion. There was a religious division inside Christianity, not to mention the many different models of Christianity—but the official Christian religion in the Latin Roman Empire was divided into two different parts, very aggressively fighting against each other. Behind the fight of two interpretations of Christian religion there were different models of power structures, ideology, organization of society and its legitimacy. That was the real ideological and military conflict between the two parts of the once homogeneous empire.

Then, during the entire Middle Ages, the European Christian culture was confronted with the Muslim Arab culture. The whole history of Spain until today shows the effects of this huge division. We could say that Europe and the European culture integrated the Jewish and Arab-Muslim culture—but at the same time it was very exclusive and repressive. Christianity never really adopted these elements. The Spanish culture, until the end of the *Reconquista*, showed this incredible mixture of the three great monotheistic religions, based on the Latin-Roman, the Greek, and the Jewish cultures. We know very well that the Greek philosophy arrived throughout the Arab-Muslim culture and in the late 12th and early 13th century returned to the European consciousness, provoking radical theological discussions and reforms.

A very important and dramatic division came later in Christianity: the Reformation and its different movements, from Hussitism to Lutheranism and Calvinism, which broke once again the Western Christian civilization. An incredible fight broke out again inside the Western Christian Catholic religion. If you think about history, for example the Thirty Years War—the first modern war that brought incredible destruction that still affects important parts of Germany, East Germany for example—you can understand that this so-called European identity, based on the classic Latin and Greek culture and on Christianity, was not at all either homogeneous or stable. It was based on a permanent revision of values and on permanent divisions.

Enlightenment vs. traditional values in the culture: again a new division between modernity and traditional Europe, between rationalism and a religious, mythological world view, but also between East and West. Marx wrote about the division "East and West of the Elbe," which is an important aspect to explain the different evolutions in Europe. It is not only the different social structures and different models of economic production, but also a kind of hidden division that became stronger and stronger after the 18th century and even more evident in the age of the industrial revolution.

The new division in Europe was no longer between South and North, but began in the 17th and 18th centuries between East and West. In the 20th century, this very deep division between East and West—especially after 1945–49, in the period of the so-called cold war and the "Iron Curtain"—became even more dramatic. Strangely enough, the line of the military division is almost identical to the original line of division which was first evident in the 18th century. The division of Germany into East and West Germany was the result of a military and strategic decision, but it was the same line of division that Marx wrote about 120 years earlier, a strange division between the capitalistic form of production and the outdated feudal system—which became more and more outdated the more you went eastward. This is the very strange complexity of the European division in terms of culture, economics, and politics. The last division was the East-West conflict, which today seems to be very slowly ending. It will, perhaps with the enlargement of the European Union, somehow, but not really, be relativized. As far as this division is concerned, the whole debate on the future of Europe is actually about how to integrate more and more the so-called Eastern territories—non-EU, but still European territories—and different East European cultures having completely different traditions and cultural attitudes.

Another important question, besides the economic and historical division, is the creation of different models of European identity. One model is the creation of an identity from inside. That means, in a certain socio-psychological sense, the creation of the identity of the majority, the consciousness of the majority. The majority believes and says: We are "normal" and others are not. They are different. They look different from "normal," "ordinary" people.

But there is another model: the creation of the identity of the minorities, who are very much conscious and aware of their being different. They say: "We are different and the others, the majority, are normal." It is a masochistic way to create an identity, which prompts an overreaction to strengthen the evident signs of identity—language, religion, even clothes, attitudes. Usually, the minorities inside the majority culture need a kind of overcompensated presentation of their own identity, because they are afraid to lose it, and therefore they create an even stronger identity, at least at the level of signs and symbols. Very often the majority cultures and ideologies are recessive, but they have not the need to create external signs of identity, because they are the majority, they are "normal," they are in the center, whereas the minorities are in the periphery. They are not afraid of losing their own identity, attitudes, and culture, very simply because of their evident hegemony.

In Europe, one of the most important minority/majority issues is the Jewish culture, which is always a sort of taboo, because it shows very well the different models of elaboration of this cultural complex. Perhaps in the increasingly strong presence of the Muslim culture today in Europe, we create very similar phenomena and reactions. Since the beginning of the Middle Ages, for the most part it was "within" Christian Europe that one of the most diverse and important cultures, Jewish culture, was developed, effectively another religion arising from ethnic difference. The division between Christian and Jewish religion seemed to be an antagonism which divided for centuries the two communities with their cultural attitudes and civil habits, even though in modern and contemporary times perhaps the religious identity is less strong—which until the 18th century was the most important aspect of identity. At the same time, the different models of assimilation or attitudes toward giving up identity, or hiding it in order to survive, were a very typical mechanism of the Jewish culture.

Since the 18th century, on the one hand certain elements of Jewish philosophy and politics became part or even an engine of modernity and, in this way, came to function as a synonym for reformation of the modern world, for revolution, for radicalism in which—among other elements—the assimilation and even disappearance of Jewish identity, first of all that of Jewish religiosity, took place. On the other hand, the Jewish orthodoxy became stronger and more isolationist and nostalgic, which had nothing to do with modern culture, but it was a typical overreaction to the situation. Since they were afraid to lose their identity, the orthodox Jews overstressed their religious identity and expressed more elements that separated, meaning isolation and self-ghettoization. Another very important element of the knotty complexum of the image of the "others" is the cynical political manipulation of this issue. In the 20th century, different cultural, political, and ideological movements, different political systems—first of all dictatorships—always used a certain kind of image of "the other." Many times, the enemy was and is identified with the old image of the "other," with an old enemy, even if this strategy is banal and obvious. Perhaps in earlier times it was not an enemy, it was "only" different. But a lot of elements of the old enemies or of the different images of the others were transferred onto the image of the new enemy, in the mask of the "other." A well known example: in the Nazi ideology—which was, on the one hand, in a certain paradoxical form, a reaction to Marxism and to the theory of the class struggle and to the image of society based on classes—the figure of the capitalist was identified with the image of the Jew, because in the first part of the 19th century, capitalism in West Germany first of all was connected with the so-called earlier marginal social groups, which were not participating in the feudal system. The Jews, for example, could not buy land, be engaged in farming, or participate in official political life, because they had another religion. Sizable economic terrains, like banking and industry, were left free and so it was very logical—if explained with sociological and economic arguments it was very clear. The new form of production, capitalism, was connected with the image of "the other"—*der Fremde*, the stranger. The new form of economy and the modern civilization was personified with the image of the stranger. At the same time, the Nazi ideology regarded Marxism and all kinds of leftist, revolutionary, anti-capitalistic cultural, philosophical and political movements also as Jewish culture, as the destructive culture of "the others."

It was a very effective and successful manipulation to use one image of "the other" for two enemies: the communist and the capitalist, both considered enemies by the Nazi ideology, because they did not represent the organic, idealized, homogeneous society based on the German race—*die Rasse*.

This kind of manipulation is evident in all other dictatorships. All images of "the other" will be homogenized, ever more simplified and trivialized, and then projected onto the image of the enemy. The question is: Why does the creation of identity always need an enemy? Why identity? Identity is a positive category, because everybody, each person, each micro-community, each community based on language or ethnic elements, has a lot of special values. That means that I am myself, I can accept my own identity freely and without restrictions. At the same time, though, this is a very complicated and complex issue, because the creation of identity is at the same time the creation of something different which does not fit into my identity. The big question is: What are the real elements that result from very complex political, economic, and social phenomena and are *de facto* different? This difference is a natural result of these processes. At the same time, in this very complex process of creating identity and the image of "the other," very unfortunately there is always a certain kind of homogenization, standardization, simplification inside. As a matter of fact, it is easier to understand something simplified—one image—than something that is very complex.

Anna Detheridge was speaking about the role of intellectuals, curators, and philosophers. One of the most important moral tasks and intellectual challenges and obligations is to always work hard to show complexity and fight against simplification. Simplification is one of the most dangerous—if not the most dangerous—method to create identities and enemies. Simplification cuts the complexity of reality and is irrational, because the different elements will be abstract, without any explication. Simplification is negative. One fact gets a moral, ethical, negative value because of its identity, an identity which is perhaps half-true, simplified, and homogenized.

This is very dangerous. Unfortunately, the 19th and 20th centuries showed ample political and ideological tendencies based on this very simple equation: simplification and abstraction. One historical example: in the theory of Rousseau, *le peuple* (the people) is—historically regarded—a necessarily abstract category, in the sense of the rationalistic philosophy, which tries to explain the order of society without God, without a theological legitimization of power. Power is not coming either from outside or from God, but it is coming from *le peuple, la souveraineté du peuple*, that is, the *ultima ratio*. The people give the power and choose those who will represent their sovereignty and give them the power, but the people can also take it back. *Le peuple* is a universal, abstract category. Historically, as I said, it is necessarily universal and abstract, because it cuts all kinds of mythological explications.

One generation later, the young representatives of the *Sturm und Drang* movement in Germany—for example the young Goethe or the young Herder—based on the theory of Rousseau, tried to concretize this category, *le peuple*, and tried—metaphorically—to localize which kind of *peuple*. There is no *peuple* in abstract terms. Herder discovered the German language as the basis of a community. *Le peuple* will not be the people in abstract, but will be *das deutsche Volk*. In this sense, it had no political consequence. Intellectually, it is a necessary localization of this abstract category.

Goethe went a little bit further and discovered attitude, style, and eventually art as identity-supporting elements. In a beautiful essay about the Cathedral of Strasbourg—which historically is completely inadequate—he explains the Gothic style and the difference between Gothic—that is Nordic, German—and classicism—that is Southern, Latin culture. This is one of the most important turning points in art theory: ingeniously, Goethe discovered that the abstract categorization of Rousseau is not enough to explain identity, because there are concrete elements resulting from concrete historical, economic, and mental processes. On the other side, he absolutized the differences.

Later, with Weimar classicism, the very same Goethe returned to a completely different and pre-romantic position. In his essay, the young Goethe discovered identity in art and explained, in a naïve but at the same time ingenious way, that the Gothic style expressed a very close relationship to nature. He wrote that the Gothic walls were like roots and trees, and together created a wall. This expressed the emotions, the world view of German people, the German race who lived in the forest. It was a typical idea of the people who lived in the forest, who admired trees and created their own culture from trees, from organic, irregular verticality. The culture and language was direct, very expressive, and connected with nature. On the other side, classicism used pure vertical and horizontal forms that never existed in nature. It is a culture typically based on the artificial. Everything is invention. Architecture is an invention. It does not represent nature or any natural values. Artificial means educated and it is not free. That was one of the first formulations of freedom, of free expression as an aesthetic value—of course, not in the sense of expressionism but in the sense of direct language, which was connected with attitudes, emotions, and with the relationship to nature.

Goethe wrote at the end that the wild man, the *sauvage*, the voice of the *sauvage* is deeper than the culture of classicism, because it expressed the human being more deeply than the educated form and the educated culture of classicism. He made a difference between the Nordic and the Southern culture, between classicism and romanticism, between rationalism and emotionalism, based on the principle of opening the road to an ethnically-oriented cultural consciousness.

It is very interesting that Herder and Goethe argued against education and rigorous forms of social behavior. Some years later Schiller in the *Ode zur Freude* wrote about the same vision: love connects what culture, civilization, and education separated. "*Was die Mode hat getrennt,*" wrote Schiller; "mode" meant also education, culture, rigorous forms of social attitudes. Culture separates reality and representation, while emotions—like joy—reunify these elements.

Goethe, Schiller, and Herder discovered a new kind of relationship between nature and human beings, based on or involving an ethnic component. From this moment on, the European culture moved increasingly towards the concretization of micro-communities, based on ethnic values, or on language, or even on religion. Micro-communities replaced the abstract form of communities.

In this lecture I want to sensitize the feeling of creation of identity as well as the creation of the image of the "others," which does not fit with this identity. I would also like to explain that the European culture, that is the Western culture—in the German philosophy they called it *Abendländische Kultur,* which is not quite the same as Western culture in the classical sense—is *de facto* not only very divided in a negative sense, but since the beginning it has been based on multi-identity, in positive sense. And exactly this very element of multi-identity should not be neglected in the cultural discourse.

After this long speech, I'd like to analyze seven artists and some phenomena which are perhaps not easily identifiable. I have chosen some works from art of the 20th century, which seem to be very typical, telling examples of a certain kind of culture, of members of certain cultural micro-communities, of the intellectual, spiritual, and political context in which they were created, and of their special public based on the very culture of a given micro-community. From the other side, indeed, these works are not at all easily identifiable with any culture—so we can't say much about where and when they were created. Actually they don't represent clear identity models, and at the same time, for those who created them and the people these works were created for, they represent a sort of manifesto of their cultural identity.

Pleschanek is a Czech artist from the late '20s/early '30s, who was living in Prague and was probably one of the very first artists to use neon light and tubes in his creations. He used transparent plastic, Bakelite, which at that time was a new material. He tried to create a kind of agnostic surrealism, as he said, between new techniques and surrealistic images, between scientific research and artistic vision. First, of course, he wanted to express that God is not clearly explicable. It is agnostic. We don't know the real reasons for transformation. Everything is permanently transformed, flexible, and fluid. He was living in the Prague circle, which was very much influenced on one side by French surrealism and on the other side by Russian and Polish experimental art, like constructivism and the new technologies. At the same time, in the Czech philosophy there was a very strong agnostic school, and he himself and his circle regarded this art as a typical phenomenon of Prague—not only of Czechoslovakia—between the German, Slavic, and French influence in Central Europe, which manifested a very strange combination of different cultural elements.

Prague again in the '60s and '70s. Karel Malich created new sculptures that always hung from the ceiling, in an atelier in the center of Prague. He was living there. His studio was a meeting point, a sort of intellectual club. You should not forget that in the '60s and '70s, the Prague avant-garde was deeply repressed. There was this kind of alternative, parallel culture. Artists were living at home, they were not working, selling, nor exhibiting. There was a very internal, strangely aquarium-like existence. Also Karel Malich, who discovered Pleschanek and was a very good friend of Halupetski—the old surrealist expert—was regarded as a typical Czech, Prague phenomenon. Seen somewhere else in the world, this hanging sculpture, I could imagine it much more as the work of an Asian artist; that is to say, its language is not easily identifiable.

Stanislav Kolibal, who was also a member of this Prague circle, used beautiful, fragile, ephemeral materials to create abstract compositions, with points of fields only fixed on one point and everything quasi-movable, flexible, and fluid. His sculpture represents this kind of intellectual attitude, which had no sure bases, was politically repressed, intellectually collected elements from different avant-garde movements, was continually working and creating a very special Prague school. This school is very evident to artists from there, but not to us.

That means a cultural identity image which to them is absolutely evident, like language—but not to us. If we want to understand what exactly is the source of this intellectual attitude, we must learn a lot. Zdenek Sykora is a painter—who today is 82 years old—who very interestingly always continues a kind of image of the labyrinth, an image of chaos, but the process of creation in his work is very rationalistic, based on Duchamp. The one element with which he began his painting is reproduced in different forms and colors. To each form, color, and dimension of the line belongs a certain form. He uses a very rich vocabulary, but there is no rational ending to this process. It is an open process that can continue forever. He begins and he stops only once, that's it. That means that the rationalistic method, like Pleshanek or like Malich, arrives at a certain kind of visual metaphor of agnosticism. This kind of intellectual irony and agnosticism was adopted by two generations of creators—in literature, we can go back even to Kafka and Musil or Mukarovsky, who was one of the first pioneers of semiotics. We can see that there was a very coherent cultural atmosphere, with identity images that are evident to the members of this micro-community but not at all evident to the outside world. This, I think, is also a typical element of the European cultural multi-identity.

The multi-identity phenomenon is profoundly European. Every time it is interpreted in one way or another, extremely ethnically or extremely religiously, it is dangerous. In these last two years in the debate about the new constitution of the European Union, the question always returns: Can we write God, Christianity, or religion—or not at all? This shows that identity in a political manifesto can also be based on negative exclusivity: for example, on only one religion, or on one idea of God. This poses the question: Do we need this kind of identity, or can we stay at the level of modern identity, which is not based on religion? These questions are here today and I think will become increasingly central in the future. The concretization of micro-communities in the cultural context is perhaps the most sensitive point of our contemporary discourse. Once again, I would like to stress that intellectuals must take the responsibility to always go back to complexity and never allow any room for simplification, because simplification is tantamount to the creation of the enemy, in that it cuts historical reality and provides material for a certain kind of homogenization.

L'art au large
Jean-Hubert Martin

Oggi assistiamo a un processo di uniformazione del mondo, negli ambiti più diversi. Viaggiando per il mondo incontriamo la stessa architettura in tutte le metropoli, vediamo dappertutto gente vestita come noi e troppo spesso pensiamo che tutti, per lo meno nelle situazioni urbane di oggi, pensino all'incirca come noi. Naturalmente, siamo noi che esportiamo in tutto il mondo le regole del nostro sistema occidentale, sul piano economico e a volte politico. In ogni caso, pensiamo che tutta la gente, a qualsiasi cultura appartenga, sia più o meno come noi.
A mio vedere, è un'interpretazione completamente falsa. Il fatto che l'apparenza formale ed esteriore sia occidentale, non significa assolutamente che non esistano più altri modi di pensare, appartenenti ad altre culture, e che tutti pensino come noi. Tendiamo anche a credere che quando un'altra cultura o un'altra società da qualche parte nel mondo assimila la nostra tecnologia – come le auto e tutto il resto – debba per forza perdere anche la propria cultura d'origine. Anche questo è del tutto falso, perché sono molte le culture altre che utilizzano la nostra tecnologia e che mantengono, tuttavia, le proprie fedi religiose e le proprie concezioni del mondo, anche se – naturalmente – evolvono. Tutto evolve, tutto cambia sempre più velocemente, ma non significa assolutamente che abbiamo a che fare con quella uniformità di cui si sente sempre parlare, specialmente nei media.
Un'altra idea molto comune ha origine nella nostra concezione e interpretazione della storia. Siamo stati abituati a ritenere che la filosofia illuminista e il razionalismo alla fine avrebbero governato il mondo e che la religione sarebbe scomparsa. A me sembra, invece, che ciò che abbiamo vissuto in politica negli ultimi anni dimostri esattamente il contrario. Il nostro approccio nei confronti delle altre culture è strano anche in generale, visto che l'Occidente è convinto che nel momento in cui entra in contatto con un'altra cultura essa perda, in misura maggiore o minore, la propria autenticità e purezza. In un certo senso, noi andiamo in cerca di una specie di paradiso perduto ancora incontaminato da noi, creato da selvaggi di altre culture con cui non siamo in contatto. È uno strano modo di vedere le cose da parte dell'Occidente, che da una parte pensa di governare il mondo e dall'altra di distruggere tutto ciò con cui entra in contatto.

Uno dei grandi problemi tra le altre culture e l'Europa è proprio la modernità. Noi crediamo che la modernità sia universale perché ha aperto la cultura europea alle altre culture. Conosciamo tutti la storia di Picasso e dei cubisti, che trassero ispirazione dal primitivismo e dall'arte africana e pensiamo che questo ci possa aprire gli occhi nei confronti di queste altre culture, proprio perché la modernità sarebbe più o meno universale.

È esattamente il contrario. La modernità, in realtà, ha creato limiti e barriere, escludendo molte culture altre. Non si deve mai dimenticare che la modernità è stata elaborata e si è affermata contemporaneamente al colonialismo. Naturalmente, un determinato genere di arte africana e oceanica è stato riconosciuto e valorizzato nel corso del XX secolo grazie agli artisti e anche al lavoro degli etnologi, ma in un modo molto strano, perché ciò di cui andavano in cerca gli artisti era una specie di archetipo, o comunque qualcosa che essi ritenevano fosse più o meno un'arte originaria. È molto strano vedere che persino Baselitz oggi, quando colleziona arte africana, la considera come una sorta di archetipo di qualcosa che non abbiamo più, del paradiso perduto, di una specie di creazione pura realizzata da altre culture.

Il grande problema è che per tutto il XX secolo gli intellettuali, i surrealisti e gli artisti che hanno collezionato arte delle culture altre, hanno invece collezionato artefatti. Non hanno mai pensato – o forse lo hanno pensato, senza però mai passare ai fatti – di invitare un artista dell'Africa o dell'Oceania, perché questi artisti erano talmente lontani, che l'idea stessa era impensabile. Basta leggere la maggior parte dei testi sulla cosiddetta arte primitiva scritti nel XX secolo: considerano l'arte africana e oceanica come appartenente a una tradizione molto antica, che si ripete identica nel tempo e nella quale si possono toccare le cosiddette origini dell'arte. Recenti ricerche hanno invece dimostrato che in molti casi questo è completamente falso, perché gli "archetipi" a volte erano molto nuovi e perché le culture africane sono in continua evoluzione, un'evoluzione spesso più veloce di quanto si immagini.

Un altro grande problema è quello del rapporto tra la nostra cultura – basata sul linguaggio scritto – e le società prive di scrittura. Il sistema coloniale ha creato una grande differenza tra la grande civiltà e le altre culture, che all'epoca non erano nemmeno considerate tali, ma società tribali prive di scrittura. Dopo la seconda guerra mondiale, passò molto tempo prima che la ricerca antropologica stabilisse davvero – per esempio con Lévi-Strauss, fra i primi – che qualsiasi cultura ha il suo valore e che alcune di queste culture prive di scrittura possiedono addirittura una filosofia così sofisticata e sistemi di pensiero così elaborati, che i nostri ricercatori impiegano anni – e talvolta una vita intera – per comprenderne a malapena alcuni elementi.

L'idea che qualsiasi cultura abbia lo stesso valore – basata sul fatto che una cultura è il risultato dell'interazione fra le persone e fra l'uomo e il suo ambiente, e che talvolta si può presentare molto sofisticata, anche se priva di scrittura – è piuttosto recente e a mio avviso non ha mai preso davvero piede nel nostro mondo occidentale dell'arte contemporanea. Normalmente, chiamavamo "esotismo" la differenza tra una cultura e l'altra. Questa parola di solito è utilizzata in senso negativo, per il suo fortissimo legame con la storia coloniale e, in seguito, con la storia recente del turismo e col suo interesse per l'aspetto pittoresco e formale delle società. In realtà, uno scrittore a cavallo del secolo, Victor Segale, aveva già riconosciuto l'importanza di tali differenze culturali e formali e di ciò che esse possono darsi reciprocamente.

A questo riguardo, vorrei riportare un aneddoto che ha per protagonista un artista cinese, Cai Guo Qiang, che ha lasciato la Cina un po' di tempo fa, andando prima in Giappone e poi a New York. Quando arrivò a New York, disse ad alcuni amici americani che Mac Donald gli sembrava molto esotico. Come si può immaginare, i suoi amici non compresero cosa volesse dire. Questa è stata l'idea che nel 2000 mi ha portato a organizzare la Biennale d'Arte Contemporanea di Lione, intitolata *Partage d'exotisme* (condividere gli esotismi), in cui ho cercato di mettere in evidenza il fatto che il mondo dell'arte contemporanea, il nostro sistema, non può cercare nel resto del mondo solo gli artisti e le opere d'arte che assomigliano a noi e a quello che facciamo, ma deve riconoscere l'esistenza di altri modi di pensare e di altre forme che possono essere elaborate altrove.

Naturalmente, quando guardo le cose da questa prospettiva, guardo da una prospettiva più ampia rispetto a quella da cui ci si guarda intorno di solito nel mondo dell'arte contemporanea. Guardo a un'intera area geografica – tutto il mondo – e non soltanto alle civiltà che vengono definite grandi, cioè l'Europa e l'America del Nord. Mi colloco anche in un quadro più ampio in termini di tempo. Per me, come curatore, come persona impegnata nell'arte e nell'attività museale, e non soltanto nell'ambito dell'arte contemporanea, è stato stupefacente accorgermi che ciò che siamo andati collezionando nei musei sono stati soprattutto – almeno fino all'inizio del periodo coloniale oggetti religiosi, funerari e rituali, collegati alla religione o a rituali di morte. Si può dire che almeno il novanta per cento degli oggetti abbiano più o meno a che fare con questo ambito. Poi, improvvisamente, arriva l'epoca coloniale e tutto cambia. Strano a dirsi, negli ultimi due secoli qualsiasi cosa proveniente da altre culture e connessa alla religione scompare completamente. Non esiste più come categoria, a parte, forse, in ambito etnologico, ma persino i musei etnologici non la espongono più molto. C'è una sorta di anello mancante in una vastissima area creativa, che riguarda ciò che fa oggi la gente, nel contesto della religione, nel resto del mondo. Ritengo che questo problema debba essere affrontato e non essere, invece, messo da parte solo perché questa categoria non rientra nella nostra concezione hegeliana dell'arte e della modernità.

Il mondo dell'arte ha infatti limiti molto forti, molto più di quanto si pensi: è legato alle mode, ha i propri soggetti privilegiati e, naturalmente, i propri circuiti. Chiunque non sia in questi circuiti, non ha nessuna possibilità di essere riconosciuto dal mondo dell'arte contemporanea. Può sembrare strano, ma per lo più i curatori si occupano di quello che è già stato riconosciuto, in misura maggiore o minore, dal circuito delle gallerie, dei musei, dei collezionisti e così via, e non prestano attenzione a ciò che accade al suo esterno e questo significa che una grandissima parte di produzioni creative viene completamente trascurata.

Di recente, in molte esposizioni sono stati presentati anche artisti provenienti da altri continenti. Di sicuro, c'è stata un'apertura negli ultimi quindici anni, ma la maggior parte degli artisti di questi altri continenti ammessi nelle esposizioni utilizza più o meno i nostri stessi metodi e tecniche. In un certo senso, ha assimilato le regole non scritte e non dette dell'arte contemporanea occidentale. C'è sempre il problema della valutazione delle opere d'arte provenienti da un'altra cultura. A mio parere, noi abbiamo sempre valorizzato le opere delle altre culture e i nostri musei ne sono colmi. C'è sempre lo stesso tipo di approccio, che passa innanzitutto attraverso i sentimenti e le emozioni e solo dopo porta alla conoscenza.

Inoltre, sono convinto dell'esistenza reale di un pensiero visivo. Per molti, il fatto che nelle opere d'arte provenienti da altre culture sia difficile riconoscere un discorso costruttivo, un vero pensiero concettuale da parte dell'artista, costituisce un elemento di disturbo; ma non è necessario ricorrere per forza all'approccio più o meno razionale dell'Occidente: tra lo spettatore e l'opera di un'altra cultura si crea comunque una specie di comunicazione ritardata.

Noi conviviamo con molti pregiudizi. Pertanto, vorrei parlare di una serie di regole e di questioni che spesso rappresentano dei problemi reali, in rapporto alla valutazione delle opere provenienti dalle altre culture, cercando di vedere ogni volta, con alcuni esempi, come ci si possa rapportare ai diversi problemi.

Il primo punto è che la maggior parte delle creazioni provenienti dalle altre culture, ancora sconosciute e non archiviate all'interno della cosiddetta arte primitiva, è considerata artigianato – un approccio tipicamente colonialista – e non come arte. L'arte è dalla parte dell'Occidente, siamo noi che abbiamo i creatori, l'arte e gli artisti famosi.

Le altre culture producono soprattutto artigianato e questo vuol dire che possiedono determinate abilità – una tecnica e un modo di produrre oggetti – ma che ripetono quelle forme da una generazione all'altra, senza inventiva alcuna.

Un muratore, Kane Kwei, ora scomparso, ma vissuto alla periferia di Accra, nel Ghana, ha inventato una forma completamente nuova di bara. Negli anni Cinquanta, per onorare un suo parente appena mancato – un pescatore – aveva realizzato una bara a forma di barca. La bara era stata poi portata in corteo per tutta la città, dalla chiesa al cimitero, un grande evento notato da tutti. Qualche anno dopo, gli fu chiesto di realizzare una seconda bara, con un'altra forma in relazione con la vita della persona scomparsa. La cosa andò avanti e crebbe al punto che ora, in quella zona, qualsiasi famiglia sufficientemente ricca si fa costruire bare di questo tipo per i propri morti. Alcune di queste bare sono state esposte alla mostra *Magiciens de la Terre*. Una aveva la forma di un'aquila.

Secondo il sistema occidentale, normalmente chi inventa una nuova forma è chiamato artista. Essendo un muratore, quest'uomo non ha mai pensato di definirsi artista, ma io vorrei inserirlo in questa categoria. Penso che abbia davvero inventato qualcosa. Anche dal punto di vista antropologico, perché succede abbastanza di rado che si possa stabilire il momento preciso in cui un nuovo rituale prende forma, mentre ora questo rituale è seguito con estrema regolarità dalla gente della zona. Un altro fatto sbalorditivo è che nella nostra valorizzazione della cosiddetta arte primitiva, tendiamo sempre a pensare che sia qualcosa di assolutamente tradizionale, che debba avere un'esistenza vecchia di secoli. Accade lo stesso coi rituali. Li definiamo "ancestrali". La parola rituale è sempre accompagnata dall'aggettivo "ancestrale". Molto spesso, i rituali sono invece relativamente nuovi e subiscono evoluzioni nel tempo perché sono in relazione col mondo e i suoi cambiamenti.

Un artista che si è fatto strada nel mondo dell'arte contemporanea è Bruly-Bouabré. Ho mostrato il suo lavoro per la prima volta a *Magiciens de la Terre* nel 1989. Come artista, era assolutamente sconosciuto.

Lo conoscevano solo alcuni studiosi per via dei suoi libri, ma nessuno aveva mai notato i suoi disegni. Bruly-Bouabré è una specie di profeta e ha scritto molti libri, alcuni molto vicini alla Bibbia e al Corano. Per un certo tempo, ha lavorato come impiegato in una specie di agenzia etnologica francese. Probabilmente – e questa è una mia ipotesi – ha tratto da quel periodo l'idea che qualsiasi cosa da lui annotata dovesse essere disegnata, considerandola un riferimento di cui era necessario dare una spiegazione. Ha realizzato migliaia di piccoli disegni delle dimensioni di una cartolina, scrivendo ogni volta sul bordo una frase, come spiegazione di ciò che era disegnato. La cosa interessante, riguardo a Bruly-Bouabré, è che è un autodidatta. Non ha mai avuto un'istruzione accademica o artistica e quando è stato scelto per *Magiciens de la Terre* la comunità accademica degli artisti della Costa d'Avorio non riusciva a spiegarsi come mai il lavoro di qualcuno venuto dal nulla fosse esposto in una grande mostra a Parigi.

Anche l'idea dell'artista autodidatta è molto difficile da accettare.

Sappiamo che in Occidente non tutti gli artisti del mondo dell'arte contemporanea hanno frequentato le accademie o le scuole d'arte e abbiamo persino l'art brut. Spesso, mi è stato chiesto perché non ho incluso in *Magiciens de la Terre* artisti dell'art brut. È una domanda piuttosto complessa, ma ho pensato che siccome nell'art brut rientrano artisti autodidatti rinchiusi in carcere o negli ospedali psichiatrici, questa situazione avrebbe potuto essere messa a confronto con quella degli artisti africani. Temevo l'errore di una sottocategoria coloniale che mescolasse idealmente i malati, i bambini e i primitivi. Questo è il motivo per il quale, in realtà, ho preferito non includere nessun artista dell'art brut.

In ogni caso, nel mondo dell'arte ci sono artisti autodidatti e a volte sono molto interessanti, come Bruly-Bouabré, che ha fatto carriera nel circuito dell'arte.

A un certo punto, Bruly-Bouabré ha deciso di creare un alfabeto africano, perché aveva notato che gli etnologi francesi dicevano che la società africana è priva di scrittura.

Un altro stereotipo molto comune riguarda l'arte aborigena.

Quando si comincia a parlare di arte aborigena, segue immediatamente una frase come: "Questa antica tradizione e cultura, che ha centinaia di migliaia di anni alle spalle e riguarda le origini dell'umanità, etc.", come nel caso del grandissimo dipinto realizzato su un pavimento da una comunità di aborigeni australiani di Fitzroy Crossing.

Molto spesso dimentichiamo che gli aborigeni realizzano i dipinti per ragioni politiche molto precise. Il grande quadro di cui ho parlato è stato dipinto dalla comunità di Fitzroy Crossing per provare la loro proprietà della terra, nell'ambito di processi su conflitti di proprietà.

Il dipinto è stato portato in tribunale, come testimonianza del fatto che quel determinato territorio appartenente alla comunità era stato invece preso da contadini bianchi o, in altri casi, che la terra era stata loro portata via perché le grandi industrie minerarie volevano effettuare scavi in quella zona. Questo non è l'unico caso in cui i dipinti aborigeni sono stati portati in tribunale. Sono stati utilizzati in parecchi altre controversie prima di questa: molto spesso, infatti, il modo in cui gli aborigeni dipingono il mito del loro paese – chiamato il sogno – è molto più politico di quanto si voglia ammettere e ha a che fare con la difesa della propria cultura.

Di nuovo, siamo di fronte a una nota argomentazione. È così facile dire che è arte tradizionale, o mitica, e non accorgersi del suo forte legame col mondo di oggi e con le battaglie di queste comunità.

Le sculture funerarie dell'artista nigeriano Akpan sono prodotte per i cimiteri. Quando muore un personaggio importante – e la sua famiglia è abbastanza ricca – si fa realizzare una sua effigie a grandezza naturale da collocare sulla tomba. È una tradizione che si ritrova in tutta l'Africa occidentale, non solo in Nigeria. Ci sono molti artisti che realizzano queste effigi.

La maggior parte di voi penserà che le opere di queste artisti sono folkloristiche.

Ma cosa significa folkloristico? Il fatto è che loro utilizzano ancora le proprie tradizioni, ci sono ancora governatori e capi di villaggio che per determinate feste e rituali utilizzano i propri abiti tradizionali. A me sembra del tutto normale che si verifichino cose come queste e che noi le riconosciamo. Non dovremmo immediatamente disprezzarle ricorrendo a termini come folkloristico, perché l'abito in questione non è uguale a quelli europei.

Molti miei colleghi non esporrebbero mai l'immagine di un capo villaggio con i suoi tradizionali abiti colorati, perché è troppo pittoresco, folkloristico ed esotico.

Va meglio con l'immagine di un poliziotto. Perché no, dal momento che il poliziotto mostra un legame con il nostro mondo?

È un modo molto strano di escludere alcune creazioni dal nostro sistema, solo perché rappresentano una alterità.

Esther Mahlangu, una donna Ndebele del Sudafrica, ha iniziato dipingendo la sua casa, come era consuetudine nella sua comunità. Questa consuetudine è cominciata una ventina d'anni fa come modo per affermare la propria identità Ndebele contro le politiche dell'apartheid.

Il popolo Ndebele era stato portato via in massa dalla sua terra d'origine e trasferito in un altro territorio, così le donne decisero di elaborare questo modo di dipingere le case, per mostrare chiaramente la propria identità culturale. Di nuovo, si tratta di un gesto con un valore politico, un valore che è anche uno dei criteri più importanti nel mondo occidentale dell'arte contemporanea.

Il problema, per molti, è che Esther Mahlangu, che ha viaggiato molto recandosi in Giappone, negli Stati Uniti, in Europa, non ha alcuna idea dei circuiti dell'arte contemporanea e perciò è priva di strategia. Chiunque le chieda di partire, pagandole il viaggio e dandole un gettone, può convincerla a venire a dipingergli la macchina o i muri della casa, da qualsiasi parte. Questo, naturalmente, è molto pericoloso per il mondo dell'arte contemporanea, che ha una visione elitaria dei luoghi in cui un artista deve produrre ed esporre il proprio lavoro, senza farlo in altri.

C'è anche il problema del supporto. Esther Mahlangu ha cominciato a dipingere sui muri della propria casa e poi lo ha fatto anche su tela. Ho organizzato una mostra dei suoi dipinti a Parigi. All'inizio pensavo che l'idea del supporto – uno dei dogmi dell'arte moderna – fosse qualcosa di molto importante. Dopo un po', ho deciso che forse è solo una di quelle regole che si seguono anche se non ha molto senso farlo. Mi sono trovato di fronte a questo problema con molti artisti diversi in Australia e in Africa, ma la maggior parte delle volte per loro era del tutto indifferente. A loro basta avere un supporto per fare la loro arte, che sia pittura o qualsiasi altra cosa, e l'idea che un supporto possa essere più vero per la loro cultura di un altro non li sfiora neppure.

Bodys Kingelez è un altro artista che si è fatto strada nel mondo dell'arte contemporanea. La sua strategia non era delle migliori, ma è stato informato molto bene da alcune persone. Ora ha compreso alla perfezione il sistema del valore aggiunto nel mondo dell'arte e chiede prezzi incredibili per le sue opere.

Cyprien Tokoudagba è un artista che ha decorato e dipinto numerosi sacrari voodoo ad Abomey, nel Benin. Uno dei problemi è che adesso, quando lo si incontra, Tokoudagba parla subito di soldi. Prima deve ricevere una certa somma di denaro e poi, forse, comincia a lavorare. Non penso che sia così incredibile, poiché si conosce il ruolo del denaro nel mondo dell'arte contemporanea. L'unica differenza è che noi lo trattiamo in un certo modo, abbiamo modalità differenti di parlarne o di non parlarne, o di nasconderlo.

Per chi proviene da altre culture e ha vissuto a lungo in povertà è del tutto normale, se arriva un curatore europeo, pensare di poter alla fine toccare un po' di quella ricchezza che non ha mai visto: così parla di soldi.

Bisogna anche stare attenti, a questo riguardo, e ricordare la pesantissima storia della colonizzazione. In un certo senso, il fatto che questi artisti chiedano soldi, quando arrivano dei curatori occidentali a ordinare loro dei pezzi, è una specie di rivincita del tutto normale.

Nei dipinti di questi artisti spesso si vedono dei segni, che possono avere diverse interpretazioni. In realtà, però, non sono assolutamente decorativi: sono pieni di significati. Ciascun segno si riferisce a un dio ed è strettamente legato a questa divinità. La maggior parte degli indigeni che si reca là li riconosce subito.

Joe Ben è un pittore navaho nordamericano che fa parte di una comunità di nativi americani, cioè di una minoranza. Il fatto che Joe Ben, dotato di un talento fantastico e di una tecnica incredibile nel realizzare dipinti su sabbia, non abbia mai avuto l'opportunità di esporre a New York, a parte una volta, suona sempre piuttosto inspiegabile. Tantissimi artisti realizzano installazioni con la terra, la sabbia o oggetti sparsi sul pavimento, molto più semplici e meno significative delle sue, ma Joe Ben, probabilmente perché è un navaho, non ha mai avuto la

possibilità di esporre, tranne una volta in una piccolissima mostra organizzata da me alla galleria APEX di New York. Nell'installazione esposta
all'APEX Joe Ben ha utilizzato la tecnica della pittura su sabbia in modo
molto libero. Questa tecnica, appresa direttamente dal padre – uno
stregone – è utilizzata per dipingere sulla sabbia in occasione di rituali
di guarigione che a volte sono officiati ancora oggi. Quando qualcuno
è molto malato, viene messo al centro del dipinto su sabbia – eseguito
in precedenza – mentre intorno a lui viene intonato un lunghissimo
canto, che dura ore e a volte tutto un giorno; alla fine, il dipinto viene
distrutto in una danza rituale.

Dato che Joe Ben conosce perfettamente il significato di tutti i dipinti
rituali, non usa mai le forme tradizionali, ma ricorre alle tecniche tradizionali di frantumazione dei minerali colorati per realizzare composizioni libere. In un'installazione, ha messo al centro del suo dipinto su
sabbia un quadro di Jackson Pollock, avuto in prestito dal Centre Pompidou. Pollock si era molto interessato alla pittura dei Navaho a un certo punto, perché anche questa pittura è fatta direttamente sul pavimento, orizzontalmente, proprio come i *drip paintings*. Il rapporto con
la cultura navaho, però, non andava oltre. Joe Ben ha incluso questo
quadro nella sua installazione perché il fatto è citato in molti libri su
Jackson Pollock e per mostrare la differenza tra i due tipi di pratica artistica che, almeno in termini di valore economico, sono senz'altro molto diversi, perlomeno per Joe Ben, visto che alla fine della mostra la sua
installazione è stata distrutta e la sabbia portata nel giardino vicino al
museo.

In questo caso particolare, si vede in che misura l'appartenenza di un
artista a una minoranza e il legame più o meno forte del suo lavoro con
la tradizione rituale, religiosa o magica o in qualsiasi altro modo la si
voglia chiamare, possa costituire per lui un divieto a esporre le sue opere nei circuiti abituali dell'arte contemporanea.

Una cultura che senza alcun dubbio ha sviluppato una pratica molto
autentica di misticismo è il Tibet. Strano a dirsi, anche questo probabilmente è uno stereotipo. Perché la cultura tibetana dovrebbe essere più
religiosa o più mistica delle altre? È una specie di stereotipo del mondo
occidentale, anche se, d'altra parte, i mandala realizzati con polveri
colorate dai monaci tibetani sono molto tradizionali. Se si chiede a un
monaco quale sia la sua libertà d'azione, nell'esecuzione del suo lavoro,
risponderà che è assolutamente vietata. Il mandala deve essere fatto
esattamente nello stesso modo in cui è stato fatto dal monaco venuto
prima, che ha insegnato al più giovane. In realtà, le differenze ci sono,
perché gli specialisti di storia della pittura tibetana sono in grado di rintracciare dei cambiamenti tra un mandala del XVII secolo e uno del XIX.
Perciò, l'evoluzione c'è, ma questa evoluzione avviene in un certo sen

so a livello inconscio, in quanto il compito di ogni monaco è quello di riprodurre esattamente il modello che gli è stato assegnato.

È qualcosa di molto lontano dalla nostra idea dell'arte e della creazione come invenzione e, ancor più, dall'idea di invenzione come qualcosa di individuale. Ciononostante, e questo a qualcuno potrà forse sembrare una battuta, nel nostro mondo ci sono artisti che riproducono sempre lo stesso modello per anni. Come Niele Toroni, per fare un esempio, che ha sempre realizzato le sue stampe esattamente nello stesso modo per quasi quarant'anni. È stata una sua decisione personale fin dall'inizio, quella di utilizzare quel modello. Non lo ha ereditato da qualcuno. Anche nel nostro mondo dell'arte succede, perciò dovremmo forse occuparci di più di questo tipo di lavori.

Un altro pregiudizio, un'altra grande differenza tra l'Europa e le altre culture è che l'arte europea si basa da secoli sull'idea di creazione individuale, un'idea che poi, nella modernità, si è trasformata in una specie di culto della personalità dell'artista. Avere a che fare con opere realizzate da gruppi è naturalmente difficile, ma non completamente impossibile. A *Magiciens de la Terre*, nel 1989 ho esposto un'opera realizzata dalla comunità di Yuendumu, i cui dipinti su sabbia sono normalmente eseguiti per i rituali propiziatori della pioggia. L'opera ha provocato molti commenti e, incredibilmente, molte perplessità.

Molti critici non riuscivano a comprendere come si potessero mettere le opere di Richard Long vicino all'arte aborigena. La cosa divertente, invece, è che gli aborigeni conoscevano già il lavoro di Richard Long, e viceversa. Richard Long conosceva l'arte aborigena e gli aborigeni avevano visto un film su Richard Long, prima di arrivare. Sono stati molto contenti di incontrarlo e di parlare con lui per quanto possibile perché, naturalmente, c'era una barriera linguistica. Durante la mostra è nata una relazione molto interessante. Ed è anche curioso notare che molto spesso i critici d'arte, su queste cose, sono più severi degli stessi artisti.

In realtà, il bisogno di lavorare non soltanto a livello individuale, ma anche in gruppo è sempre sentito dai giovani artisti. I progetti collettivi sono quasi una regola, all'inizio. Tuttavia, il nostro sistema in generale è così forte, che dopo pochi mesi o pochi anni gli artisti devono dividersi, spinti a fare carriera e a lavorare individualmente, anche se molto spesso si parla con nostalgia delle opere d'arte e dei progetti collettivi.

I famosi tappeti afgani realizzati durante l'invasione dell'esercito russo, fanno parte di un tipico genere d'arte che non sarà mai davvero commissionato dai nostri circuiti. Naturalmente, sono stati realizzati da donne e non sono firmati, a differenza dei tappeti di Alighiero Boetti. Hanno pochissime probabilità di essere esposti in una galleria, ma rappresentano comunque una fantastica reazione e rielaborazione di quel difficilissimo momento politico dell'Afghanistan, che ha trovato un'eco immediata in questo fine lavoro artigianale. Alcuni tappeti sono veramente notevoli per il modo in cui gli elicotteri, gli aeroplani e i kalashnikov sono integrati nel modello tradizionale.

Un dipinto su pelle di David Malangi rappresenta un piede. Malangi è un pittore aborigeno australiano fortemente radicato nella sua tradizione, ma questo non gli impedisce di realizzare opere completamente libere, come il piede che non ha legame alcuno con la tradizione – per quanto ne sappiamo noi e secondo quanto ci ha detto lo stesso Malangi. È dipinto su pelle, ma come accennavo prima, Malangi dipinge anche su tela o su altri supporti, se necessario. Per lui, è del tutto indifferente. Di nuovo, probabilmente per ragioni nostalgiche o a causa dei nostri stereotipi, tendiamo a preferire la pittura su pelle, perché ha un'aria più arcaica e in un certo senso è più vicina alla natura, ma questo è soltanto un nostro tipico punto di vista, un nostro modo di vedere le cose.

La questione di quanto ci si possa allontanare dalle forme preesistenti viene fuori dai dipinti di Koluma Sovogui e di altre donne della Guinea africana. È una strana storia. Queste donne realizzano abitualmente i loro disegni direttamente sul corpo delle ragazze, prima dei rituali iniziatici. Per puro caso, una persona di mia conoscenza che viaggia molto in Africa, giunse in quel villaggio e riuscì a vedere i disegni, perché a volte sono riprodotti anche sui muri, trovandoli assolutamente fantastici. Dopo una lunga discussione con gli anziani del villaggio, e dopo esser stato autorizzato, chiese alle donne di rifare quei medesimi disegni prima su carta, poi su pezzi di legno e l'ultima volta che andò al villaggio – vi si recò cinque volte – su tela. La donna più dotata, Koluma Sovogui, realizzò dipinti piuttosto grandi, alti circa m 1,80. Questi dipinti, naturalmente, sono cose completamente diverse rispetto ai disegni originali realizzati sul corpo.

La questione è se sia lecito chiedere a una donna di realizzare su un altro supporto qualcosa che lei ha sempre fatto secondo la tradizione. Non capisco molto il problema, se la persona in questione viene debitamente citata e se percepisce tutti i diritti legati all'opera. In questo caso, a dire il vero, nessuno ha più visto queste donne da alcuni anni, perché vivono in una zona al confine tra la Guinea e la Liberia, dove è in corso una guerra, una delle tante guerre civili che si combattono oggi in Africa e di cui nessuno parla. Nessun europeo ha osato avventurarsi in quei luoghi negli ultimi tempi, perciò non si sa se Koluma Sovogui sia ancora viva. Liew Kung Yu, artista tailandese, ha costruito una specie di sacrario per la Biennale di Lione *Partage d'exotismes*, nel 2000. Le strutture formali e i modelli su cui si basa questo sacrario sono evidenti, ma è molto divertente, perché i piccoli attributi che il dio tiene in mano sono bottigliette di profumo Chanel, articoli di consumo

che tutti vorrebbero avere. Ci sono anche frasi scritte e tutte hanno a
che fare con la ricchezza e col benessere materiale.

È un modo molto interessante di affrontare la religione e l'arte asiatiche. Si può benissimo continuare a confrontarsi con le opere d'arte in un certo qual modo mediatizzate, ad opera degli artisti del nostro circuito, che ci offrono una traduzione dell'arte tradizionale. Ma perché non esporre anche questi artisti viventi che lavorano ancora nella tradizione, una tradizione in continua, e a volte velocissima, evoluzione? Al giorno d'oggi, non ci sono problemi a viaggiare e a portare le persone da una parte all'altra del mondo. Tutte queste idee mi hanno spinto a organizzare, nel 2001, un'esposizione sugli altari e sui sacrari contemporanei nel mondo. Il titolo tedesco era: *Altäre – Kunst zum Niederknien*. Era una mostra di arte religiosa sulle espressioni rituali contemporanee.

Il Messico è probabilmente il luogo con il più incredibile quantitativo di altari, tutti realizzati per il giorno di Ognissanti, il primo novembre. Ci sono persino competizioni tra artisti per la costruzione degli altari.

Onattappan è un tipo di altare di piccole dimensioni, che si costruisce in un preciso momento dell'anno, durante il raccolto. È fatto solo di terra, con del riso sulla sommità. Secondo il nostro sistema di valore, l'altare di Kerala, nel sud dell'India, è costruito in modo estremamente minimale. Nel caso dell'altare Lobi, invece, è stato di grande interesse vedere le soluzioni escogitate dall'indovino, o comunque una specie di sacerdote del Burkina Faso, per adattare i numerosi elementi del suo altare al cubo bianco del museo. Ciò che mi interessava era di mettere in mostra queste sculture africane non come le esporrebbe un collezionista in casa sua, ma di farle vedere così come esse appaiono nel loro contesto d'origine, all'interno di un sacrario africano ricostruito.

Il mantello di Obatala, dio della santeria cubana è fatto di piatti. Il colore dominante è il bianco, perché per Obatala tutto deve essere bianco. Il piccolissimo sacrario di Taiwan, per la cura di determinate malattie, è fatto di piccole noci che recano minuscole perline rosse all'interno, protette da queste pietre.

Come dicevo, tutti questi rituali sono in evoluzione. In Corea si celebra un rituale per impedire alle macchine di avere incidenti, utilizzando una testa di maiale con la bocca piena di banconote. Il maiale è simbolo di benessere e ricchezza perché ha una prole numerosa. Sono rituali di consacrazione officiati anche per le inaugurazioni di nuovi uffici dotati di tecnologie, ma siccome al giorno d'oggi non è così facile portare una testa di maiale in un ufficio, si ricorre alla sua immagine riprodotta sullo schermo del computer. Ogni cultura ha una straordinaria capacità di utilizzare i propri simboli e segni per tradurli nel linguaggio dell'ultima tecnologia arrivata.

Vorrei concludere parlandovi dell'esposizione del Museum Kunst Palast a Düsseldorf, presentata anche dal PAC di Milano. È un'esposizione che vede Richard Long, il noto artista inglese che fa trekking ed escursioni in tutto il mondo, insieme con un artista tribale indiano che si chiama Jivya Soma Mashe. Jivya Soma Mashe appartiene alla tribù Warli, che vive lontana dalle città. Può sembrare strano, ma Jivya Soma Mashe non è totalmente sconosciuto, perché ha viaggiato molto. È venuto molte volte in Europa e ha esposto piuttosto spesso, ma sempre in un preciso contesto: i festival indiani di musica e teatro, dove partecipava come pittore. Si tratta di un contesto al quale il mondo dell'arte contemporanea non guarda mai. Di conseguenza, lavorando all'interno di un canale completamente diverso, Jivya Soma Mashe è uno sconosciuto nel nostro circuito. Su iniziativa di Hervé Perdriolle, curatore del progetto, Richard Long si è recato sul posto, fermandosi due settimane e instaurando un rapporto molto interessante con Jivya Soma Mashe. Nonostante non avessero la possibilità di comunicare a parole, hanno concepito insieme la mostra.

Questo è un modo per esporre il lavoro di artisti con un retroterra culturale completamente diverso. Se esponessi Jivya Soma Mashe da solo, probabilmente non verrebbe quasi nessuno a vederlo, solo le persone più curiose. Con Richard Long c'è più attenzione nei confronti della mostra.

Per concludere, sono convinto che sia molto importante l'incontro con gli autori all'interno delle loro culture d'appartenenza, per potersi concentrare sui loro progetti originali, invece di far vedere solo le opere mediatizzate e tradotte nel nostro linguaggio, create dagli artisti riconosciuti dai circuiti del mondo dell'arte contemporanea.

L'art au large
Jean-Hubert Martin

We face today uniformity of the world that we can notice in very many different levels. If we travel in different metropolises in the world, we face the same architecture, we see people who are dressed like us, and too often we assume that everybody, at least in urban situations today, thinks more or less like us. Of course we are trading all over the world; the Western system rules economically and almost politically in most of the world. We have a sort of feeling that all the people in every culture will be more or less like us.

I think this is a completely false interpretation. The fact that these formal, external appearances are taken from the West doesn't mean at all that other cultures' ways of thinking are extinct and that people think like us. We have a tendency also to think that as soon as another culture, another society somewhere in the world has taken our technology—like cars or whatever—they have completely lost their culture. This is also completely false, because many other cultures can use our technology and nevertheless keep their religious faith and their own way of thinking, although, of course, they evolve. Everything evolves, everything is changing faster and faster, but it does not mean at all that we are facing this uniformity that is referred to all the time, especially in the media.

Another very common idea comes from our conception and interpretation of history. We were used to thinking that enlightenment philosophy and rationalism would eventually rule the world and religion would disappear. I feel what we have been facing in politics in the last few years shows exactly the opposite. We have a strange approach also to other cultures in general, because the West thinks that when it is in contact with another culture, this other culture is more or less not authentic any more, it is not pure any more. In a way, we are looking for a sort of lost paradise of these savages of other cultures that we are not in contact with, and that would be in a way completely pure of any contact with us. This is a very strange way of the West, which thinks that it rules the world on one side and on the other side thinks that it destroys everything it touches.

One of the big problems between other cultures and Europe has been modernity. We have had the tendency to think that modernity is universal, because modernity has opened up European culture to many other cultures. We all know the history of Picasso and cubists who took over primitivism and African art. We think that this opens up our eyes to these other cultures and makes modernity more or less universal.

It is exactly the opposite. Modernity has actually put limits and barriers and has excluded many other cultures. We should never forget that modernity was elaborated and was raised at the same time as colonization. Of course, a certain type of African and Oceanic art has been acknowledged and valued during the 20th century, thanks to artists and also to ethnologists—but in a very strange way, because what the artists were looking for was a sort of archetype of what they thought were more or less the origins of art. It is very strange to see that even Baselitz today, when he collects African art, sees that as a sort of archetype of something that we have lost, of this lost paradise, of this sort of pure creation that was made in other cultures.

The big problem is that all over the 20th century, intellectuals, surrealists and artists collected art coming from these other cultures, but they collected artifacts. They never thought—or maybe they thought of it but at least they never did—of inviting a single artist from Africa or Oceania, because they were mentally so remote that they couldn't think of it. You just have to read most of the texts on this so-called *primitive art*, written during the 20th century. Most of them refer to this African or Oceanic art as a sort of very old tradition that repeats itself and where we can touch these so-called origins of art. Recent research has shown that in many cases this is completely false, because the "archetypes" were sometimes very new and there has been an evolution in African cultures, sometimes much faster than we thought.

One of the big problems also is the link between our culture—which is based on written language—and societies without writing. The colonial system made a big difference between the big civilization and the other cultures that at that time weren't even referred to as cultures, but as tribal societies which had no writing. After the second world war, it took anthropological research a long time to really assess—with Lévi-Strauss for instance as the leader—that any culture has its own value and that some of these cultures without writing even have extremely sophisticated philosophies and elaborate thought systems that it takes our researchers years—and sometimes an entire life—to possibly understand just a little bit.

This idea that any culture has the same value, given the fact that a culture is a relation of people, of man to his environment, and that it is sometimes very sophisticated, even if it is not written, is quite recent, and I think it hasn't really made its way in our Western contemporary art world. We used to call "exoticism" the difference between one culture and another. This word is usually taken in its bad meaning, because it has been linked too much to a colonial history and afterwards to the recent history of tourism and a sort of interest in a picturesque, formal appearance of the societies. Actually, there is a writer at the turn of the century, Victor Segale, who already recognized the importance of these differences of cultures and forms, what they can bring to each other.

To this regard, I want to tell you an anecdote about a Chinese artist, Cai Guo-Qiang, who left China quite a long time ago, lived in Japan first and then moved to New York. When he arrived in New York, he told some American friends that he found McDonald's very exotic. As you can imagine, his friends didn't understand what he meant. This sort of idea lead me to organize in 2000 the Lyon Biennale of Contemporary Art, called "*Partage d'exotismes*" (sharing exoticisms), trying to point out the fact that the contemporary art world, our system, shouldn't just look for artists or works of art in the rest of the world that look like what we do, but that we have to recognize that there are completely other ways of thinking and other forms that can be elaborated there.

Of course, when I take this sort of perspective, I put myself in a much larger framework than the one that is usually used by the contemporary art world. I take a much larger geographical area—the whole world—and not only the so-called big civilizations, that is, Europe and North America. I take also a much broader framework in terms of time. For me as a curator, as someone involved in art and museum practice, and not only in contemporary art, it is amazing to notice that what we have collected in museums is mostly—until at least the colonial period— religious, funerary, ritual objects linked to religion or to rituals of death. We could say that almost ninety percent of the objects are more or less linked to that. Then, suddenly, the colonial era comes and everything switches. Funnily enough, in the last two centuries anything connected to religion coming from other cultures completely disappears. There is no category any more, possibly ethnology, but even the ethnological museums don't show that very much.

There is a sort of missing link for an enormous area of creation, which is what people today make in the context of religion in the rest of the world. I think we should face this problem and not just put it aside as something which hasn't to do with our Hegelian conception of art and modernity.

The art world has actually very strong limits, much more than it says: it is bound to fashion, it has its topics and, of course, its networks. Anybody who is not in this network has absolutely no chance to be recognized by the contemporary art world. Strangely enough, curators very often look at what is already more or less recognized by these networks of galleries, museums, collectors and so on, often little curious of what is happening outside of them, which is sometimes an enormous amount of formal creation that we don't see at all. Recently, many exhibitions have included artists coming from other continents. There has definitely been an opening up in the last fifteen years, but most of the time the artists coming from these other continents that we included in the exhibitions were more or less using the same methods and techniques. They were plugging into a sort of unwritten, unspoken set of Western contemporary art rules. There is always this problem of how we can judge some artworks coming from another culture. I think we have done that for centuries and our museums are full of works coming from other cultures. There is always this same way of approach, which goes first through feelings or emotions and leads afterwards to knowledge. I think also that there is really a visual way of thinking. Many people are disturbed by the fact that in artworks coming from other cultures, it is difficult to recognize a constructive discourse, a real conceptual thinking on the part of the artist; but it doesn't need absolutely to go the same more or less rational way as the West does it. There is a sort of delayed communication, that goes from the viewer to works coming from other cultures.

I feel that we live with a lot of prejudices. I will take a series of criteria, of issues that are often real problems in relation with the judgment of works coming from other cultures, and each time I'll try, with a few examples, to talk about that and see how we can relate to these different problems.

The first point is that most of the creation coming from another culture, that is unknown and not categorized yet as so-called *primitive art*, is seen as craft—and this is a typical colonial approach—instead of art. Art is on the side of the West: we have creators, art, and famous artists. Other cultures mostly make craft, which means that they have certain skills, a technique, a way of producing objects, and they repeat these shapes from one generation to the next, without any invention.

There was a carpenter, Kane Kwei, who has died now and who invented a completely new form of coffin in the suburbs of Accra in Ghana. This guy, at a certain point in the '50s, to honor a member of his family—a fisherman—who had died, made a coffin shaped into a boat. The coffin was then carried through the city, from the church to the cemetery. It was a big event and everybody noticed it. A few years later, he was asked to make a second coffin, in the shape of something else, referring to the life of the deceased person. This went on and grew up to the point that now, in this area, any family who is rich enough has such coffins made for individuals who have died. A few of them were exhibited in "Magiciens de la Terre." One was in the form of an eagle. According to the Western system, somebody who invents a new form is usually called an artist. Also this person, as a carpenter, never thought of calling himself an artist. I would put him in this category. I think he really invented something. Even for anthropology, it happens quite seldom that one can really see exactly when a new ritual has taken form. Now this ritual is made very regularly for people in this area. It is amazing also to think that for the appreciation we have of so-called *primitive art,* we always tend to think that it's absolutely traditional, that it has a sort of century-old life. The same happens with rituals. We call them "ancestral." The word ritual always goes with the adjective "ancestral." Very often, they are quite new and have evolved; they are linked to the world with its changes.

An artist who has made his way in the contemporary art world is Bruly-Bouabré. I showed him for the first time in "Magiciens de la Terre" in 1989. He was absolutely unknown as an artist. He was just known by a few scholars as a writer, but nobody had ever noticed his drawings. He is a sort of prophet. He wrote lots of books; some are very close to the Bible and to the Koran. At a certain time he worked as an officer for a sort of ethnological French agency. Probably—and that is my guess—he kept from that time the idea that anything he noticed had to be drawn, used as a reference that needed an explanation. He made thousands of these little drawings, each the size of a postcard, each time writing on the border some sentence, explaining what he was drawing. The interesting point about Bruly-Bouabré is that he was self-taught. He never had any academic or art training, and when he was chosen for "Magiciens de la Terre," the academic community of artists in the Ivory Coast had a real problem understanding that somebody coming from nowhere suddenly was exhibited in a big exhibition in Paris.

This idea of the self-taught artist is also a very difficult one. We know that in the West not all the artists of the contemporary art world have been to academies or to art schools, and we even have *art brut.* I was very often asked why I didn't include in "Magiciens de la Terre" artists from *art brut.* It's a very difficult question, but I thought that because *art brut* relies on self-taught artists kept in jail or in psychiatric hospitals, that could be taken as a comparison with African artists. I was afraid of the mistake of a colonial under-category mixing mentally ill, children, and primitive. This is why I actually preferred not to include any artist of *art brut.* Nevertheless, there are self-taught artists in the art world, and sometimes they are very interesting, like Bruly-Bouabré, who made his way in this network.

He decided at a certain point to create an African alphabet, because he noticed French ethnologists saying that these societies were lacking writing.

Another very common stereotype relates to aboriginal art. When somebody talks about aboriginal art, the next sentence is always the fact that "this old tradition or culture, which is tens of thousands of years old and relates to the origin of humanity, etc.", as in the case of the very large aboriginal floor paintings made by the community of Australian aborigines in Fitzroy Crossing.

Very often we forget that paintings are made by the aborigines for very precise political reasons. The big painting we are talking about has been made by the community of Fitzroy Crossing to prove their ownership of land.

It was in a land claim trial that this painting was brought to the court, to prove that a certain territory belonging to the community was taken by white farmers, or in other cases land was taken from them because big mining companies wanted them to dig in that area.

This is not the only case where aboriginal paintings were used in court. They were used in several other cases before, and very often their way of painting their myth of the land—which is called *the dreaming*—is much more political than we think, because it has to do with the defense of their culture. This is again one of these topics. It is so easy to say that it is traditional or mythical and to not notice that it is very much linked to the world of today, to the fights of these communities. The funeral sculptures by the Nigerian artist Akpan are made for cemeteries. When somebody of a certain importance dies—and the family is rich enough—they have a life-sized effigy of the deceased person made and put in the cemetery. This is a tradition that exists in the whole of West Africa, not only in Nigeria. There are many artists making such effigies.

Most of you right away think that these works are folkloristic. What does "folkloristic" mean? Because they use their tradition, because there are still rulers of the villages, chiefs that for certain festivals and rituals use their traditional clothes. I think that it is just normal that things like that happen and that we recognize them. We shouldn't right away despise it with such words as "folkloristic," just because it is not like a European dress.

Many of my colleagues would never exhibit a traditional ruler in his colorful dress, because it is too picturesque, folkloristic and exotic. It is much better with a picture of a policemen. Why not, when it shows a link with our world?

It is a very strange way of excluding some creations from our system, just because they represent an otherness.

Esther Mahlangu, a Ndebele woman of South Africa, began by painting her house in the manner used in her community. This way of painting houses started a few decades ago, to show the Ndebele identity against apartheid politics.

The Ndebele is a displaced population, and its women decided to elaborate this way of painting houses to show their cultural identity. Again it has a political value, which is one of the most important criteria for the Western contemporary art world.

The problem for many people is that this woman, Esther Mahlangu, who has traveled a lot to Japan, the States, Europe, has absolutely no idea of the network of contemporary art and therefore has no strategy. Anybody who asks her to come, pays for the trip and gives a fee, can convince her to come somewhere and have a car painted or any wall somewhere. This of course is very destructive towards the contemporary art world, which has a certain elitist view of places where an artist should and shouldn't make and show his works. There is also the problem of support. Esther Mahlangu started to do that on her house, and then she did it also on canvas. I organized an exhibition of her paintings in Paris.

At the beginning I thought that the idea of support—which is one of the dogma of modern art—was something very important. After a while, I decided that maybe it is just one of these rules that we follow and it does not mean so much. I faced that problem with many different artists in Australia and Africa, and most of the times they don't care at all. They just need a support to make their art, to paint or whatever, and the idea that one support could be more true to their culture than another is something that doesn't occur to them at all.

Bodys Kingelez is another artist who made his way in the contemporary art world. His strategy was not the best one, but he was very well advised by some people. Now he has understood very well the system of added value in the art world and he asks for incredible prices for his works.

Cyprien Tokoudagba is an artist who decorated, painted many voodoo shrines in Abomey, Benin. One of the problems is that when you talk to Tokoudagba nowadays, the subject turns to money very fast. He needs first of all a certain amount of money and then, maybe, he starts working.

I think it's not something so incredible, because we know the role that money plays in the contemporary art world. Only we deal with it in a certain way, we have different ways to talk or not to talk about it, or to hide it.

For people coming from other cultures that have been in very poor situations for such a long time, it's absolutely normal that when a European curator comes, they think that they eventually can touch something of the richness they could never have and they talk about money.

This is also something we have to be careful about, because we should think of the very heavy history of colonization, and think that it is just a sort of normal revenge that those artists ask for money when Western curators come to order some of their pieces.

In the works of these artists often we see a few signs that can have very different interpretations. In fact, they are not at all decorative. They are full of meaning. Each of these signs refer to a God and is absolutely linked to this divinity. Most of the indigenous people who go there recognize that right away.

Joe Ben is a Navaho painter—North American, but belonging to a Native American community that is a minority.

It always sounds absolutely extraordinary that somebody who makes sand painting using incredible techniques and having fantastic skills like his, has never had the chance to exhibit in New York, except one time. So many artists make installations with earth, with sand, things on the floor, etc., which are much simpler and more meaningless than this, but Joe Ben, probably because he is a Navaho, never had a chance to exhibit, only one time in a very small exhibition I organized in a little gallery, APEX, in New York. In the installation at APEX, he used the sand painting technique in a very free way. He was taught by his father—a so-called medicine man—this way of doing sand painting for rituals. These are healing rituals, sometimes still performed today. When someone is really sick, he is placed in the middle of the sand painting—which was made before—then there is a very long chant lasting for hours, sometimes a day, and afterwards the painting is destroyed by a ritual dance. Because Joe Ben knows exactly the significance of all these ritual paintings, he never uses the traditional forms. He uses the technique with these colored minerals and makes after that free compositions. In one installation, he put in the middle a painting by Jackson Pollock, lent by the Centre Pompidou. Pollock got very interested in Navaho painting at a certain point, because that painting was also made on the floor, horizontally, exactly like drip paintings. Links didn't go further beyond that part. But because this fact is referred to in many books in the literature about Jackson Pollock, Joe Ben included this painting in his installation to show the difference between two types of art practice which, in terms of financial value, are certainly very different—at least to him, so to speak, because at the end of the show, his installation was destroyed and the sand was just put in the garden next to the museum.

This shows how, strangely enough, the fact that an artist belongs to a minority and that his work is more or less linked to a very strong tradition, be it ritual, religious, or magic, whatever you want to call it, forbids him from exhibiting his works in the usual contemporary art networks.

One culture where we have absolutely no doubt that they have a very authentic practice of mysticism is Tibet. Very strangely, this is probably a stereotype also. Why should Tibetans be more religious or more mystic than other cultures? It's a sort of stereotype that has been developed in the Western world; but on the other hand, the *mandalas* made of colored powders by Tibetan monks are in this regard very traditional. When you ask a monk if he is allowed to put some of his freedom in the execution of the work, he says that this is absolutely forbidden. A *mandala* has to be made exactly the same way it was made by the previous monk, by the one that had taught the younger one. Actually there are differences, because in the history of Tibetan painting, specialists can single out differences between a *mandala* of the 17th century and one of the 19th century. Thus, there is an evolution, but this evolution is in a way unconscious, because each monk has the task to reproduce exactly the pattern that has been given to him.

This is something very far from our understanding of art and creation as an invention, and even further from art as an individual invention. Nevertheless, and this might appear a bit witty to some of you, there are artists in our art world who reproduce absolutely the same pattern for years and years. Just take the example of Niele Toroni who has always made his prints exactly the same way for almost forty years. It was his decision from the beginning to make this pattern. It wasn't inherited from anyone. It exists also in our art world, so we should perhaps take more care of this type of work.

Another prejudice, another big difference between Europe and other cultures is that for centuries now, European art has been based on the idea of individual creation. This ended up as a sort of cult of personality of the artist in modernity. To relate works that are made by groups is of course difficult, but is not absolutely impossible. In "Magiciens de la Terre," in 1989, I showed a work made by the community of Yuendumu. It is a sand painting, normally made for rituals to get rain. This picture caused many comments and incredible criticism.

Many critics couldn't understand that Richard Long's paintings could be put next to aboriginal art. It is funny to know that they knew about each other; Richard Long knew about aboriginal art, and the aborigines had seen a film about Richard Long before they came. They were very happy to meet him and communicate as much as possible, since naturally there was a language barrier. They had a very interesting relationship during the show. It is interesting to notice that art critics are very often much stricter about these things than artists themselves.

Actually, the need to work not only as an individual but in a group is something that comes regularly with young artists. Group creation is something that occurs quite regularly. Only our system in general is so strong, that after a few months or a few years they have to split, and they are bound to make their own career and to work as individuals, even though very often there is nostalgia for group art works or creations.

The famous Afghan carpets, made during the invasion by the Russian army, are also typical of a type of artwork not commissioned in our networks. Of course they are made by women and they are not signed, unlike the carpets made by Alighiero Boetti. There is little chance for them to be exhibited in a gallery. Nevertheless, they are a fantastic recognition and reaction to a very difficult political moment for Afghanistan, which was right away reflected in this craft. Some of them are really very interesting, in the way that helicopters, planes, or kalashnikovs are integrated in this pattern.

David Malangi is an aboriginal Australian painter really embedded in his tradition, but this doesn't prevent him from doing completely free works, for example a painting on bark of a foot, which has absolutely no connection—as far as we know, and as far as he has said—with the tradition. It is painted on bark, but as I said earlier, he is able to paint on canvas as well, or on other supports, if needed. It's absolutely not important for him. Again, probably for nostalgic reasons or because of our stereotypes, we have a tendency to prefer bark painting, because they look more archaic, so to speak, closer to nature, but this is typically our point of view and our way of seeing it.

We can clearly see the question of how far one can go with existing forms by considering the paintings of Koluma Sovogui and other women from Guinea, Africa.

This is a strange story. These women are used to making drawings on the bodies of young girls, before they go to their initiation rituals. By complete chance, a man that I know who travels very often to Africa and to little villages, came there and discovered these paintings that sometimes were done also on the walls, and he found them absolutely fantastic. After a long discussion with the elders of the village, and after he had been authorized, he asked the women to make the same paintings, first of all on paper, then on pieces of wood, and the last time he went there—he went there five times—on canvas. The most talented one, Koluma Sovogui, made quite large paintings—approximately 1.8 meters high. These are of course completely different things from the original body paintings.

The question is whether it is allowed to ask a woman to do something she has done traditionally on another support. I don't really see the problem if the person is acknowledged and if she gets also the different rights connected to the work. In this case, actually, nobody has seen these women for a few years, because they live on the border between Guinea and Liberia. There is a war going on there, one of the many civil wars going on in Africa and about which nobody talks. No European has dared to go there recently, so we don't even know whether she is still alive or not.

Liew Kung Yu, a Thai artist, built a sort of a shrine in the Biennale de Lyon *"Partage d'exotismes"* 2000. The pattern and the model where it is coming from are evident, but it is very funny because the little attributes that the God has in his hands are Chanel bottles of perfume, consumers articles that everybody may want to have. There are also some written sentences, all dealing with becoming rich and having material wealth.

It is a very interesting way of dealing with Asian religion and art. We can just stay with this sort of mediated art work, made by people of our network, who give us a translation of traditional art. Why not show these artists who are living today and are still working in this tradition that evolves all the time, and sometimes very quickly.

Nowadays we have no problem traveling and getting people from one part of the world to another. All these ideas brought me to organize in 2001 an exhibition about altars and shrines of the whole world of today. It was called in German: *"Altäre – Kunst zum Niederknien."* It was an exhibition about religious art and ritual expressions of today. Mexico is where there is the most incredible amount of altars made for All Saints Day on the first of November. There are even competitions among artists to build altars.

Onattappan is a small type of altar made at a certain time of the year, for instance during harvesting. It is just made of earth and of a little bit of rice on top. In terms of our value system, it is a sort of very minimal way of doing altars in Kerala, in the South of India. For the Lobi altar it was very interesting to see how this fortune-teller, this sort of priest who came from Burkina Faso, had to find a way to adapt many things in terms of the white cube of the museum. What I found especially interesting was to see these African sculptures, not at all in the way a collector would show them in his flat or in his house, but how they looked in the rebuilt context of an African shrine.

The coat of Obatala, God of the Cuban Santeria, is made of plates. The dominant color is white, because everything for Obatala has to be white. The very small shrine of Taiwan, intended to cure certain diseases, is made of little nuts, with very small red beads put inside and protected by these stones.

As I said, all these rituals evolve. A ritual to prevent cars from having accidents is made in Korea. It needs a pig head with banknotes in its mouth that stands for wealth and richness, because the pig has so many children. Such consecration rituals are also made to inaugurate a new technology office. Because nowadays it is sometimes difficult to bring pig heads in an office, they just use its image on a computer screen. There is an extraordinary ability of any culture to use its symbols and signs and to translate them with the latest technology.

I would like to end by speaking about an exhibition at Museum Kunst Palast in Düsseldorf, presented also at the Padiglione d'Arte Contemporanea in Milan. It's a show of Richard Long, the well known British artist who makes treks and excursions throughout the whole world, and a tribal Indian artist whose name is Jivya Soma Mashe. Jivya Soma Mashe belongs to the Warli tribe, which is quite remote from the city. Funnily enough, he is not totally unknown because he has traveled a lot abroad. He went many times to Europe and exhibited quite often, but always within a certain framework, that is, in Indian festivals with music and theater. He was sent there as a painter. This is something that the contemporary art world never looks at, so he works through a completely different channel and is unknown by our network. On the initiative of curator Hervé Perdriolle, Richard Long went to his place, stayed there two weeks, and had a very interesting relationship with him. They could not communicate through language, but they conceived this exhibition together. This is one of the ways to show artists coming from a completely different background. If I showed Jivya Soma Mashe alone, probably almost nobody would come, or just very few curious people. Together with Richard Long there will be more attention paid to the exhibition.

To conclude, it is very important to me to try to meet authors in their own cultures and to concentrate on their original works, and to not only show the sorts of mediated and translated works made by artists who are acknowledged by the contemporary art world networks.

Tropicália: la modernità parallela del Brasile (ca. 1967)
Carlos Basualdo

Per affrontare le questioni poste da questo seminario – e in particolare la questione della relazione tra l'Europa e il suo presunto "Altro"– parlerò di un progetto su cui sto lavorando in questo periodo. Il punto di partenza di questo progetto è un'esposizione intitolata *Tropicália: la modernità parallela del Brasile (ca. 1967)*, una mostra che affronta il modo in cui il modernismo è stato pensato e rielaborato alla fine degli anni Sessanta nel contesto particolare del Brasile.

A questo proposito, bisogna sottolineare il fatto che talvolta si parla del Brasile e dei paesi latinoamericani in generale come se non appartenessero all'Occidente, come se non fossero paesi occidentali.

Tuttavia, determinate pratiche e oggetti culturali prodotti nel loro contesto possono essere compresi solo nell'ambito del modernismo e spero proprio che arriveremo persino a riconoscere che quelle operazioni sono state decisamente innovative, rispetto alle versioni considerate canoniche del modernismo.

Come dicevo, il titolo della mostra è *Tropicália*. Avevo pensato a due sottotitoli. Il primo era lungo ed esplicativo: *Avanguardia, cultura popolare e cultura industriale in Brasile, ca. 1967*, un sottotitolo che praticamente descrive la costellazione dei problemi affrontati dall'insieme delle opere in mostra, cioè il tentativo di articolare strettamente le pratiche dell'avanguardia con la cultura popolare – nel senso in cui l'espressione "cultura popolare" è utilizzata dal filosofo tedesco Theodor Adorno nel suo *Amministrazione e cultura*.

Le pratiche sperimentali in mostra sotto l'etichetta di *Tropicália* sono state create nel contesto di una cultura industriale emergente, che nel corso degli anni Sessanta era divenuta sempre più forte.

Al presente, il dominio della cultura industriale in Brasile è altrettanto pervasivo quanto nell'Europa occidentale e negli Stati Uniti e questo era proprio ciò che il sottotitolo voleva mettere in evidenza. Tuttavia, ne abbiamo scelto un altro, più corto e probabilmente più interessante ed evocativo: *La modernità parallela del Brasile*.

Fondamentalmente, qui vorrei parlare delle forme di questa modernità parallela.

Tropicália è il nome di un album concettuale uscito nel 1968 che ha rappresentato una rottura con la tradizione precedente della musica popolare brasiliana. *Tropicália* è stato il frutto di una nuova generazione di musicisti, come Gilberto Gil – l'attuale Ministro della Cultura del Brasile – Caetano Veloso, Gal Costa e Tom Zé. In pratica, questi musicisti hanno reinventato la musica popolare brasiliana. Ciò che hanno fatto è stato di ascoltare con grande attenzione le diverse forme di musica popolare esistenti nel paese, ma con una profonda comprensione degli esperimenti più attuali della musica contemporanea, classica e pop, dando vita, perciò, a un'operazione in cui le due estremità dello spettro musicale entravano in dialogo.

All'epoca in cui i "tropicalisti" erano attivi, cioè dalla metà degli anni Sessanta all'inizio degli anni Settanta, la "bossa nova" era già molto diffusa. In Brasile era divenuta incredibilmente popolare sin dagli esordi, alla fine degli anni Cinquanta.

Negli anni Sessanta, la musica popolare brasiliana (detta MPB, cioè Musica Popular Brasileira) era già divenuta un tramite di messaggi politici, soprattutto della sinistra. Tuttavia, proprio perché aveva le sue radici nella tradizione, anche la destra nazionalista se ne era appropriata, considerandola una forma di rappresentazione della propria versione conservatrice della "brasilianità."

Quello che hanno fatto i tropicalisti, senza schierarsi né con la destra né con la sinistra, è stato di dare vita a un nuovo tipo di operazione in cui i ritmi tradizionali sono stati immessi nel contesto della musica pop e del rock'n roll. In pratica, la loro scelta è stata di reinventare la tradizione dall'interno per mezzo di un processo fatto di contraddizioni e di collage, col risultato di un'estrema apertura e possibilità di sperimentazioni pressoché infinita. Per i tropicalisti, la portata di questo tipo di operazione non si limitava soltanto al piano musicale, ma aveva anche a che fare con una riconsiderazione dell'identità nazionale in generale. Nel 1964 la dittatura aveva preso il comando del paese e all'epoca in cui i musicisti di Bahía registrarono *Tropicália*, alla fine degli anni Sessanta, era divenuta molto autoritaria. Dopo la repressione del 1967 contro gli studenti e i lavoratori aderenti ai sindacati, la dittatura si era fatta brutale e la censura era entrata nella vita di tutti i giorni.

In questo contesto, il movimento di Tropicália, già molto potente in termini di popolarità, acquisì un forte significato politico. Il fatto era che si trattava di un'immissione, nell'ambito dell'industria culturale, di pratiche d'avanguardia, poiché i tropicalisti si affidavano ai meccanismi dell'industria per produrre e distribuire la propria musica, ma questa musica era anche un canale per la sperimentazione e la protesta politica.

A dire il vero, il nome *Tropicália* era stato utilizzato la prima volta per un'installazione presentata nell'ambito di una esposizione che si era tenuta presso il Museo d'Arte Moderna di Rio de Janeiro nel 1967.

L'installazione era opera di un giovane artista brasiliano, Hélio Oiticica. Oiticica faceva parte di un gruppo di artisti impegnato nella reinterpretazione della tradizione costruttivista, alla luce dell'esperienza quotidiana della vita in Brasile. In particolar modo, il lavoro di Oiticica si basava su una ricerca sperimentale relativa ai modi di vita alternativi, nell'intento di tradurli in strutture costruttive. La sua ricerca prendeva spunto da ripetute osservazioni sull'architettura in perenne cambiamento delle baraccopoli di Rio de Janeiro, note in Brasile come *favelas*. Oiticica aveva iniziato a recarsi nelle favelas nel 1964, l'anno in cui era morto suo padre. La sua, era una famiglia di intellettuali: il padre era anch'egli un artista, nonché scienziato, mentre un nonno era stato filologo. Era stato perciò naturale, per lui, occuparsi di arte fin da piccolo e sviluppare un approccio estremamente metodico e ordinato nelle sue ricerche estetiche.

Il cambiamento radicale avvenne quando, dopo visite sempre più frequenti alle favelas, Oiticica iniziò a trarre lezione dal modo in cui lo spazio era utilizzato dalle persone che vivevano in quei luoghi. Nello stesso tempo, la sua ricerca prendeva spunto anche dal costruttivismo e, precisamente, dalle opere di Piet Mondrian e Kurt Schwitters, che hanno fortemente influenzato tutto il lavoro di Oiticica.

Quando espose per la prima volta *Tropicália*, nel 1967, Oiticica si interrogava inoltre su cosa potesse costituire la "brasilianità" e, anche in questo caso, la sua era una riflessione sulla "brasilianità" sia dal punto di vista del costruttivismo, sia da quello dell'esperienza urbana di un'architettura caratterizzata dalla flessibilità e dall'improvvisazione. Per lui, le *favelas* erano il prodotto di un processo di costruzione in cui l'utilizzo dello spazio non era determinato, ma fluido e flessibile. In questa flessibilità, vedeva un metodo che gli permetteva di creare strutture al cui interno il pubblico potesse raggiungere uno stato d'animo nel quale ogni differenza tra lavoro e tempo libero veniva ad annullarsi, una condizione da lui chiamata "Creleisure" ("Cretempo") – tempo libero o creativo.

Oiticica aveva presentato questa sua installazione in una mostra intitolata *Nova Objetividade Brasileira* (Nuova Oggettività Brasiliana), una rassegna ad ampio raggio sullo stato dell'arte brasiliana contemporanea dell'epoca. L'opera di Oiticica aveva chiaramente in comune con l'album concettuale di Veloso, Gil e altri non soltanto il nome, ma anche lo stesso atteggiamento nei confronti del rapporto tra pratiche d'avanguardia e cultura popolare. Tuttavia, la portata di queste ricerche si estendeva anche ad altri campi dell'attività culturale, come il cinema.

Negli anni Sessanta, si era affermato un movimento molto importante, chiamato "Cinema Novo" (Nuovo cinema brasiliano). Uno dei suoi rappresentanti principali, Glauber Rocha, filmmaker di Bahía, era anch'egli impegnato in sperimentazioni su pratiche dell'avanguardia e della cultura popolare, nel tentativo di sviluppare forme di cinema in grado di comunicare al grande pubblico messaggi politici di natura complessa. Glauber Rocha ebbe una grande influenza su Oiticica e sui tropicalisti – con cui era anche in rapporti personali.

Oiticica iniziò a interessarsi molto al cinema e durante il suo soggiorno a New York – dal 1970 al 1978 – produsse una serie di opere che avevano a che fare con le immagini in movimento. Il momento iniziale del suo interessamento per il cinema può esser fatto risalire al 1968, quando partecipò come attore al film *Cancer*, di Rocha.

Un'altra figura carismatica della costellazione di Tropicália è stato José Celso, il regista teatrale che nel 1967 – un anno estremamente significativo per il movimento–, mise in scena una vecchia opera di Oswald de Andrade, intitolata *O Rei da Vela* (Il re della candela).

Oswald de Andrade, autore brasiliano, alla fine degli anni Venti aveva scritto un testo estremamente influente sulla questione dell'identità brasiliana, intitolato *Manifesto Antropófago* (Manifesto antropofago). L'identità brasiliana era descritta da de Andrade nei termini di un processo metabolico di trasformazione delle influenze straniere. Per lui, ciò che caratterizzava la "brasilianità" non era una qualche essenza o rapporto privilegiato con un'origine o una tradizione, ma proprio la possibilità di un'apertura nei confronti dell'elaborazione e del prestito da qualsiasi parte venissero, e le particolari potenzialità creative dischiuse da questo processo.

Celso era attratto dalle idee di Andrade, la cui opera letteraria negli anni Sessanta era caduta nell'oblio. *O Rei da Vela* era un'esperienza brechtiana che mescolava forme del carnevale al dramma e al commento politico.

In seguito, nelle sue opere Celso avrebbe lavorato di più sulla partecipazione del pubblico, in una direzione che in un certo modo faceva da eco all'interesse di Oiticica per le esperienze partecipative. È importante ricordare che Oiticica e Veloso avevano entrambi visto *O Rei da Vela*, riconoscendo in seguito l'influenza della pièce sul loro lavoro, sia a livello di struttura, sia di contenuto.

Anche il lavoro di Lina Bo Bardi è di grandissima importanza in questo contesto. Lina Bo Bardi era una giovane architetta che lavorava a Milano, sposata con il critico d'arte italiano Pietro Bardi. Bardi era stato invitato in Brasile a lavorare per il collezionista Assiz Chateubriand ed era stato poi nominato direttore del Museo di Belle Arti di São Paulo (MASP). Bo Bardi e il marito si trasferirono in Brasile, dove vissero e lavorarono per il resto della loro vita. In Brasile, Bo Bardi ebbe l'opportunità di progettare, costruire e partecipare attivamente alla vita culturale del suo paese adottivo. Uno dei suoi progetti più importanti fu proprio il Museo di Belle Arti – un edificio straordinario sulla Paulista Avenue, il cuore finanziario della città.

Bo Bardi si interessò molto alla cultura popolare brasiliana, presente sul piano dell'installazione e del contenuto in molte delle esposizioni da lei organizzate.

In seguito, Bo Bardi divenne Direttrice del Museo d'Arte di Bahía, dove ebbe la possibilità di portare avanti le sue ricerche con esposizioni e programmi didattici.

Bo Bardi era una buona amica di Glauber Rocha e lavorò a stretto contatto con José Celso, per il quale non soltanto progettò scenografie teatrali, ma anche lo stesso palazzo in cui la "Oficina Theater" (la compagnia teatrale di Celso) opera ancora oggi.

Bo Bardi aveva studiato con Giò Ponti ed era una architetta assolutamente modernista. Allo stesso tempo, aveva un'incredibile sensibilità rispetto alla cultura popolare. Il Brasile le diede l'opportunità di esplorare il rapporto tra le due cose e lei lo fece in diversi modi: con i suoi palazzi, con la progettazione di allestimenti espositivi e con le sue collaborazioni con molti dei personaggi che hanno avuto a che fare col movimento Tropicália.

Nelle sue esposizioni si riscontra un approccio alla cultura popolare dichiaratamente concettuale: per esempio, non ha mai esposto oggetti isolati, ma solo oggetti in serie, e questo perché voleva mettere in evidenza il processo di costruzione ed evitare l'atteggiamento feticista nei confronti del pezzo unico.

Bo Bardi, però, non è stata una tropicalista, appartenendo a un'altra generazione rispetto a quella degli altri membri del gruppo, ma artisti come Veloso e Gil hanno sottolineato la sua importanza e grande influenza sulla generazione più giovane.

Si è detto spesso che il tropicalismo è un movimento sincretista – e che il suo modello di modernità è quello sincretista. Tuttavia, se studiamo con attenzione le opere, non troviamo il tentativo di creare forme sincretiste, come quelle che caratterizzano la "bossa nova," ma piuttosto una forma estrema di collage. Questa forma di iper-collage è presente in tutte le diverse manifestazioni culturali collegate a Tropicália – la si trova nel teatro, nelle opere di Bo-Bardi e anche nelle opere di Oiticica. Emblematico di ciò di cui sto parlando è *Edén*, un'installazione esposta da Oiticica alla Whitechapel Gallery nel 1969. Analizzando il progetto dell'opera, appare in modo evidente la sua relazione con il costruttivismo europeo e Mondrian. È interessante notare il contrasto tra la severa geometria del progetto e l'effettiva esperienza dell'opera.

L'installazione era fatta di sabbia cosparsa sul pavimento e le differenti forme geometriche disegnate sul pavimento, nel progetto, erano nella realtà strutture individuali in cui gli spettatori/partecipanti potevano entrare fisicamente, abbandonandosi all'esperienza di diversi tipi di trame e colori. In una di queste strutture – una tenda nera – veniva diffusa la musica di Veloso e Gil.

Anche Veloso e Gil erano a Londra quando Oiticica presentò *Edén*. Erano stati entrambi costretti all'esilio nel 1969, espulsi dal governo brasiliano perché in uno dei loro concerti Veloso aveva messo in un angolo del palco una bandiera di Oiticica, su cui era scritto "Sii un marginale, sii un eroe". Una storia che la dice lunga sull'atmosfera di censura e repressione politica dell'epoca.

Tra i partecipanti alla mostra dedicata alla *Nuova Oggettività Brasiliana* presso il MAM di Rio de Janeiro c'era l'artista Lygia Clark. Clark e Oiticica erano grandi amici e all'epoca si influenzavano reciprocamente. A volte, è difficile differenziare il lavoro dell'uno da quello dell'altra, per lo meno sul piano concettuale. Parlando del loro rapporto, Clark in seguito ha detto: "Hélio ed io siamo come un guanto. Io sono la parte interna, in contatto coi processi soggettivi, mentre Hélio è l'esterno del guanto, in contatto col sociale". Come Oiticica, anche Clark si interessava molto alle forme di partecipazione del pubblico. All'epoca, Clark stava sviluppando una serie di opere per permettere allo spettatore/partecipante di percepire lo stesso atto della percezione in quanto tale.

Tra le opere da lei presentate presso la mostra *NOB* a Rio, c'erano le sue "maschere sensoriali," concepite per essere indossate dal pubblico e costruite in modo che chi le indossava potesse davvero vedersi mentre era intento a guardarsi intorno. Un'altra opera dello stesso periodo, che richiedeva un contesto molto più performativo, è, *O Eu e o Tu* (L'io e il tu). Qui, due persone dovevano indossare un elaborato costume con tasche nascoste e chiusure lampo attraverso il quale, in un dialogo sospeso, avrebbero potuto percepire se stesse come se fossero state altre persone.

L'indagine di Clark, in questi lavori, era volta a un ripensamento dell'esperienza dell'alterità in quanto tale, in cui la percezione e la sessualità erano considerati veicoli privilegiati del riconoscimento di sé.

Anche Lygia Pape, proveniente come Clark e Oiticica dalla tradizione del costruttivismo, prese parte all'esposizione del 1967. Uno dei suoi lavori in mostra era *Livro da Criação* (Il libro della Creazione), del 1960, un'opera interattiva composta da forme geometriche disposte secondo una struttura narrativa che lo spettatore/partecipante doveva – alla lettera – sviluppare. All'epoca di *NOB*, Pape aveva cominciato a maturare opere ancora più partecipative, come *O Ovo* (L'uovo) e *Roda dos Prazeres* (Ruota dei Piaceri), in cui il pubblico era invitato ad assaggiare una serie di liquidi colorati posti all'interno di diversi contenitori.

Tra gli artisti in mostra c'era anche Antonio Dias, che in seguito si sarebbe trasferito a Milano, dove ha vissuto fino alla fine di quel periodo.

All'epoca, il suo lavoro consisteva in una forma molto particolare e organica di pop, estremamente violenta e carica di contenuti politici.

Per quanto riguarda l'esposizione *Tropicália: la modernità parallela del Brasile*, il nostro intento è di sottolineare le interconnessioni tra queste forme culturali e il loro rapporto coi processi contemporanei di formazione dell'identità. Ritengo sia importante guardare a Tropicália non come a un movimento che ha avuto vita in un determinato momento e ora è in qualche modo superato, ma come a una lezione in grado di offrire spunti sul modo in cui la modernità può misurarsi con la complessità, secondo il punto di vista sociale ed etnico.

Dobbiamo tener presente che il Brasile è sempre stato una società multietnica, fin dall'inizio. Di conseguenza la complessità, quanto a cultura e appartenenza etnica, è sempre stata una faccia della medaglia, una situazione con cui l'Europa ha invece cominciato a misurarsi solo piuttosto di recente. Naturalmente, come sappiamo tutti, anche l'Europa ha un ordinamento multiculturale, ma nel corso del diciottesimo secolo l'illusione di una identità europea omogenea, diametralmente opposta a quella dei suoi "altri", è stato il concetto centrale dello stato-nazione. Oggi, l'Europa deve affrontare una nuova situazione mondiale nella quale l'immigrazione è una realtà sempre più incalzante e la circolazione delle masse sempre più diffusa.

Tuttavia, io credo che in qualche modo l'esempio di una cultura che viene considerata "altra", ma che sin dall'inizio ha dovuto fare i conti con la complessità sociale, etnica e culturale, giungendo infine a elaborare questa complessità secondo l'impianto concettuale della modernità, possa costituire per tutti noi un modello paradigmatico su cui riflettere. E questo è proprio l'obiettivo principale della mostra *Tropicália: la modernità parallela del Brasile.*

Tropicália: A Parallel Modernity in Brazil (ca. 1967)
Carlos Basualdo

In order to address some of the questions that have been posed in this seminar—particularly the issue concerning the relation between Europe and its supposed "others"—I would like to discuss a project on which I am currently working. The point of departure of this project is an exhibition entitled "Tropicália: A Parallel Modernity in Brazil (ca. 1967)." This show addresses the ways in which modernity has been thought and re-thought, specifically in the context of Brazil in the late 1960s.

By saying this, I want to underline the fact that sometimes Brazil—or the Latin-American countries in general—is described as belonging to the non-West and referred to as a non-Western country.

But after considering specific cultural practices, we might be compelled to understand these works as belonging to the territory of modernism, and hopefully we will also acknowledge that the operations that they performed within this framework are clearly innovative in relation to those versions of modernism that have become canonical.

As I mentioned above, the title of the exhibition is "Tropicália." There were two subtitles that I was considering. The first one was longer and explanatory: "Avant-garde, popular culture and the culture industry in Brazil, ca. 1967." That basically describes the constellation of problems that this body of work refers to, meaning, the attempt to articulate avant-garde practices in close connection with popular culture—and I'm using the term "popular culture" very much in the way the German philosopher Theodor Adorno employs it in his text *Administration and Culture*.

The experimental practices that the exhibition considers under the rubric "Tropicália" took place in the context of an emerging culture industry, which became more and more dominant as the 1960s progressed. At present, the dominance of the culture industry in Brazil is as pervasive as in Western Europe and the United States, and this is what the above title wanted to underscore. But instead of that subtitle, we chose another one, more succinct and probably more interesting in terms of its resonance: "A Parallel Modernity in Brazil."

Basically, what I will try to address here are the forms of that parallel modernity.

"Tropicália" is the name of a concept album that was recorded in 1968. It represented a break with the previous tradition of Brazilian popular music.

Tropicália was the endeavor of a new generation of musicians, among them Gilberto Gil—who is the current Minister of Culture in Brazil—Caetano Veloso, Gal Costa and Tom Zé. It can be very well said that these musicians reinvented popular music in Brazil. What they did was to listen carefully to the various forms of popular music existing in the country, but with a deep understanding of current experiments in contemporary, classical, and pop music. They consequently performed an operation in which both ends of the musical spectrum dialogued.

By the time the "tropicalists" were active, namely from the mid-1960s to the early 1970s, "bossa nova" music was already well established.

It had become incredibly popular in Brazil since its beginnings at the end of the 1950s.

Already in the 1960s, Brazilian popular music as a whole (MPB or Musica Popular Brasileira) became a medium for political messages, mostly from the left. But because of its roots in tradition, the nationalist right also appropriated it as a vehicle for the representation of their conservative version of "Brazilian-ness."

What the tropicalists did, without aligning themselves with the right or the left, was perform a novel kind of operation in which they departed from traditional rhythms by putting them in the context of pop music and rock and roll. Basically, they chose to reinvent tradition from within, through a process that involved contradictions and collage, which in the end allowed for a higher degree of openness and the possibility of continuing experimentation. For them, this operation was not only performed through their music, but also at the level of a reconsideration of national identity.

In 1964 a dictatorship took hold of the country, so by the time the musicians from Bahía were recording "Tropicália" in the late 1960s, the dictatorship had become extremely authoritarian. Indeed, after 1967, repression against students and union workers became brutal, and censorship was felt in everyday life.

In this context, the Tropicália movement, already very powerful in terms of its popular reach, acquired a strong political signification. The situation was characterized by the emergence of an avant-garde practice operating in the realm of the culture industry. The tropicalists relied on the mechanisms of the industry in order for their music to be produced and distributed, but this music was also a channel for experimentation and political protest.

The name "Tropicália" comes originally from an installation that was presented in the context of a group exhibition at the Museum of Modern Art in Rio de Janeiro in 1967. The installation was the work of a young Brazilian artist named Hélio Oiticica. Oiticica was part of a group of artists who were engaged in reinterpreting the tradition of constructivism in the context of their daily experience in Brazil. He was especially concerned with an experimental exploration of alternative ways of life and how these ways of life could be translated into constructive structures. His point of departure was the mutable architecture of the shantytowns of Rio de Janeiro, known in Brazil as *favelas*.

Oiticica started visiting the *favelas* in 1964, which is the year when his father died. He was a member of a family of intellectuals. His father was an artist himself and a scientist, and his grandfather was a philologist. It was therefore natural for him to be involved in the arts from an early age and also to develop an extremely methodical and orderly approach in regards to his aesthetic investigations.

The radical change came when Oiticica started, after his increasingly frequent visits to the *favelas*, to learn from the way the people who lived there used their space.

At the same time, his point of departure was still constructivism and, specifically, the works of Piet Mondrian and Kurt Schwitters, influences that prevailed throughout Oiticica's work.

When Oiticica first exhibited *Tropicália* in 1967, he was also trying to reflect on what could possible constitute "Brazilian-ness." Again, he was thinking about "Brazilian-ness" from the point of view of both constructivism and the urban experience of an architecture characterized by flexibility and improvisation. For him, *favelas* were the product of a constructive process in which the use of space was not specific but fluid and flexible. He saw in that flexibility a method that allowed him to create structures in which audiences could attain a state of being in which there would be no difference between work and leisure, a state that he called "Creleisure"—free or creative leisure.

Oiticica presented his installation in the context of a survey exhibition entitled "Nova Objetividade Brasileira" (New Brazilian Objectivity), which was an attempt to describe the then current state of Brazilian contemporary art. Oiticica's work clearly shared with the conceptual album by Veloso, Gil, et al, not only a name but also a comparable stance towards the relationship between avant-garde practice and popular culture. But the scope of these investigations can be traced to other spheres of cultural activity, among them, cinema.

From the early 1960s on, there had been a very strong movement of Brazilian cinema, called "Cinema Novo" (New Brazilian Cinema), and one of its main figures, Glauber Rocha, a filmmaker from Bahia, had been, once again, experimenting with avant-garde practices and popular culture, in an attempt to develop cinematic forms that would be able to convey political messages of a complex nature to large audiences.

Glauber Rocha was a strong influence on both Oiticica and the tropicalists—he was personally related to both.

Oiticica became very interested in cinema himself, and during the period that he spent in New York—from 1970 to 1978—he produced a series of works dealing with the moving image. We could trace the beginnings of his involvement with cinema to his participation, as an actor, in Rocha's 1968 film *Cancer*.

Another extremely important figure of the Tropicália constellation was José Celso, the theater director who staged in 1967—a very significant year for the movement—an old play by Oswald de Andrade entitled *O Rei da Vela* (The Candle King).

Oswald de Andrade was a Brazilian writer who in the late 1920s produced an extremely influential text on the question of Brazilian identity entitled "Manifesto Antropófago" (Cannibalistic Manifesto). In this text de Andrade described Brazilian identity in terms of a process of metabolizing and transforming foreign influences. For him, what characterized "Brazilian-ness" was not any essence or any privileged relationship with an origin or tradition, but the very possibility to be open to elaborate and borrow from anywhere, and the potential to create something unique out of that process. Celso was interested in de Andrade's ideas, whose literary work was very much forgotten in the 1960s. *O Rei da Vela* was a Brechtian experience that mixed forms of carnival with drama and political commentary. Later on, Celso would emphasize audience participation in his plays, in a move that somehow echoed Oiticica's interest in participatory experiences. It is important to note that both Oiticica and Veloso attended performances of *O Rei da Vela* and later registered the influence of the piece, both in terms of structure and content, in their own works.

The work of Lina Bo Bardi is also paramount in this context. She was a young architect working in Milan who married Italian art critic Pietro Bardi. Bardi was invited to Brazil to work for the collector Assiz Chateubriand and would later become the director of the Museum of Fine Arts of São Paulo (MASP). Bo Bardi moved to Brazil with her husband and lived and worked there for the rest of her life. While in Brazil, she had the opportunity to design, build, and participate actively in the cultural life of her adopted country. One of her most important projects was the Museum of Fine Arts itself—an extraordinary construction on the Paulista Avenue, the financial heart of the city.

Bo Bardi was very interested in Brazilian popular culture and organized several exhibitions that addressed the subject in terms of installation and content.

She later served as director of the Museum of Art in Bahia, where she had the opportunity to further her investigations through exhibitions and pedagogical programs. Bo Bardi was a good friend of Glauber Rocha, and worked closely with José Celso, for whom she not only designed theater stages but also the very building from where "Oficina Theater" (Celso's theater company) still operates.

Bo Bardi, a student of Gio Ponti, was very much a modern architect. At the same time she had an incredible sensitivity to popular culture. Brazil gave her the opportunity to explore the connection between both, and she did that in different ways: through her buildings, through the medium of exhibition design, and through her collaborations with many of the figures involved with the Tropicália movement.

In her exhibitions we find an approach to popular culture which is clearly conceptual: for example, she would never show isolated objects, but only objects in series, and this because she wanted to emphasize the process of construction and avoid fetishizing the individual object. It should be clarified, though, that she was not a tropicalist herself, as she was older than the other members of the group; but people like Veloso and Gil recognized her as someone that had a very strong influence on the younger generation.

Tropicalism has frequently been assessed as a syncretic movement—and its model of modernity as a syncretic one. But if we study the works carefully we will not find an attempt at creating syncretic forms, such as the ones that characterized "bossa nova," but we will find instead an extreme form of collage. We can find that sort of hyper-collage throughout all the different cultural manifestations related to Tropicália; we will find it in theater, in the works of Bo Bardi, and also in the work of Oiticica.

Emblematic of what I am describing is *Edén*, an installation that Oiticica showed at the Whitechapel Art Gallery in 1969. Looking at the plan for the piece we see the connection with European constructivism and Mondrian very clearly. It is interesting to note the contrast between the strict geometry of the plan and the actual experience of the piece.

The installation had sand on the floor and the different geometric forms in the floor plan were in fact individual structures where the spectators/participants could physically enter and experience different kinds of textures and colors. One of those structures—a black tent—featured music by Veloso and Gil.

Veloso and Gil were also in London at the time Oiticica presented *Edén*. They both were forced into exile in 1969, harassed by the Brazilian government apparently due to the fact that at one of their concerts Veloso had in a corner of the stage a banner by Oiticica in which it was written, "Be a marginal, be a hero." The affair was characteristic of the atmosphere of censorship and political repression of the time.

Among the participants in the "New Brazilian Objectivity" show at MAM Rio de Janeiro was the artist Lygia Clark. Clark and Oiticica were close friends and, at the time, mutually influencing each other. At times, it's hard to differentiate one's work from the other, at least conceptually. To describe their relationship Clark would later say: "Hélio and myself are like a glove. I am the inner part of the glove, in touch with the subjective processes, and Hélio is the outside of the glove, in touch with the social." Like Oiticica, Clark was also very interested in forms of participation. At the time, Clark was developing a series of works that allowed the spectator/participant to perceive the very act of perception itself. Among the pieces that she presented at the NOB show in Rio there were her "sensorial masks," supposed to be worn by the audience so the person wearing them could actually see herself while looking outside. Another piece from the same period, which required a more performative context, is entitled *O Eu e o Tu* (The I and the You). Here, two people wore elaborate costumes with hidden pockets and zippers that allowed them to recognize themselves as if they were other than themselves in a muted dialogue.

With pieces such as this Clark was basically attempting to rethink the very experience of otherness, addressing perception and sexuality as privileged vehicles of self-recognition.

Lygia Pape, who, like Clark and Oiticica, was coming from the tradition of constructivism, also took part in the 1967 exhibition. One of her works included in the show was *Livro da Criação* (The Book of Creation) from 1960, an interactive piece where we see geometric forms deployed in a narrative structure that the spectator/participant was supposed to—literally—unfold. By the time of NOB, Pape had started developing works that were much more participatory, like *O Ovo* (The Egg) and *Roda dos Prazeres* (Wheel of Pleasures) in which the audience was invited to taste a number of different containers with colored liquids.

Among the artists included in the show was also Antonio Dias, who would later move to Milan where he lived for the rest of the decade. At the time, his work consisted of a very particular, organic form of Pop, extremely violent and full of political content.

In the context of the exhibition "Tropicália: A Parallel Modernity in Brazil," we will try to emphasize the interconnectedness of these cultural forms and their relation to contemporary processes of identity formation. I think it is not so important to think of Tropicália as a movement that had an occurrence in time and then was somehow superseded, but as a lesson in terms of how modernity can deal with complexity, understood both from the social and ethnic point of view. We have to take into account that Brazil has been, since its beginning, a multi-ethnic society. Therefore complexity in terms of culture and ethnicity has always been part of the equation, a situation with which Europe has rather recently begun to cope. Of course, as we all know, Europe itself was constituted multi-culturally, but since the eighteenth century the illusion of a homogeneous identity, and that of its "others" as polar opposites, became the core concept of the nation-state.

Today Europe is facing a new world situation in which immigration is progressively becoming a pressing reality, and in which mass transport is becoming widespread. I think that somehow an allegedly "other" culture that embraced social, ethnic, and cultural complexity since its beginnings, and later elaborated this complexity within the framework of modernity, could be a paradigmatic model for all of us to reflect on. That's mainly the purpose of "Tropicália: A Parallel Modernity in Brazil."

Il feedback culturale tra Europa e Asia
a partire dalla seconda metà degli anni Novanta
Hasegawa Yuko

Uno dei concetti emersi nella seconda metà degli anni Novanta nell'ambito di importanti esposizioni europee come *Traffic* (1996), a cura di Nicolas Bourriaud, *Take me (I'm yours)* (1996) e *Cities on the Move* (1997-1998), entrambe curate da Hans Urlich Obrist, oppure la seconda edizione della Biennale di Berlino (2001), a cura di Saskia Bos, è quello dell'opera d'arte aperta nei confronti del pubblico e delle situazioni, basata sulla partecipazione del pubblico e sull'estetica relazionale. Un concetto che a volte è presentato anche come messa in questione della nozione di autorialità, poiché comporta una critica dell'idea che vede l'individuo come il soggetto della creazione.

Nell'ambito di questa tendenza concettuale, l'attività degli artisti asiatici e la loro presentazione in Europa hanno messo in moto particolari campi magnetici che hanno contribuito alla creazione di rapporti diversificati e al collasso del rapporto strutturale tra "artista e pubblico".

Diversi progetti creati da artisti tailandesi, fra cui quelli di Rirkrit Tiravanija che vive e lavora tra Berlino e New York, sono un tipico esempio di questa tendenza.

Alla base del lavoro di questi artisti, si trova una conversione dall'idea di scambio a quella di offerta, dal "dare per avere" al "dare per dare" e un reiterato offrire senza ricevere. L'importante, per loro, è intraprendere una relazione con l'altro. Sono concetti profondamente radicati nel buddismo, teso a un'eliminazione dell'io.

Questi artisti tailandesi, che in seguito vi presenterò, utilizzano attività quotidiane ready-made come mangiare, viaggiare, suonare, fare acquisti, fare massaggi o portare le persone in taxi, per decostruire le barriere sistemiche e liberare la consapevolezza dell'uomo. Sin dal 1993, questi progetti sono stati esposti molte volte in Europa nell'ambito di esposizioni internazionali come le Biennali, grazie all'atteggiamento intellettuale progressista dei curatori museali europei. Gli artisti tailandesi hanno avuto per primi la possibilità di presentare i loro progetti e di svilupparli fino ad oggi, alla luce delle loro esperienze in Europa.

Anche se l'azione del caso, il gioco e la partecipazione del pubblico sono entrati nel suo lavoro grazie all'opera di Marcel Duchamp e di John Cage, l'approccio di Tiravanija è più naturale e al tempo stesso sofisticato nel mettere in pratica questi elementi. L'evidentissimo contributo di Tiravanija al mondo dell'arte consiste nell'aver ridefinito l'arte dall'esterno delle situazioni standard della scena artistica, allargandone il campo. Una ridefinizione volta ad affrancare l'arte dalla disciplina, per permettere la comunicazione con tutti i mezzi e metodi. Quando Tiravanija riunisce la gente nello spazio di una galleria, intrattenendoli per esempio con la cucina tailandese, crea una immagine semplice, ma molto bella della "convivialità". Non lo fa per aiutare i poveri, o per offrire una salvezza religiosa e nemmeno per fare una festa con gli amici.

Anche Surasi Kusolwong, che ha studiato in Italia e ora vive a Bangkok, opera in una direzione analoga a quella di Tiravanija. Kusolwong ha creato un dispositivo spazio temporale che facilita gli incontri fra le persone, coi suoi mercatini in cui la gente può scambiare oggetti e prendere gratis ciò che vuole. Il suo lavoro presenta l'incontro come scambio fra uguali, permettendo inoltre la penetrazione, nella vita comune delle persone dei paesi stranieri, di prodotti tailandesi d'uso quotidiano. Nelle stanze per i messaggi, i tessuti sono appesi come quadri minimalisti, mentre le strutture principali sono cuscini. Comunicazione e ospitalità coesistono in un unico spazio, che riprende le forme dell'estetica minimalista.

Navin Rawanchaikul, che vive e lavora tra il Giappone e la Tailandia, ha realizzato in un taxi una "galleria mobile", per incentivare la comunicazione tra gli autisti locali di taxi e la gente. Il suo progetto, inoltre, prevede la creazione di posti di lavoro in Tailandia, con impieghi per dipingere i cartelloni dei film, o costruire elementi d'arredo a partire da pneumatici usati.

Joe Apichatpong Weerasethakul, regista di film e video artista, vincitore di un premio al Festival cinematografico di Cannes, fa casting fra la gente comune, innescando un processo basato sul racconto di storie funzionale anche allo sviluppo della coscienza sociale delle persone coinvolte.

Tutte queste opere basate su una molteplicità di rapporti esibiscono tratti legati alla consolazione e alla quiete spirituali. Questa tendenza asiatica alla sollecitudine nei confronti dell'altro, nel passato è stata banalizzata in cliché dell'esotismo. Tuttavia, proprio perché questi progetti contemporanei riguardano aspetti sociali fondamentali, tali caratteristiche della tradizione asiatica hanno arricchito le opere di un'atmosfera stimolante.

I primi artisti asiatici che negli anni Ottanta si sono trasferiti in Europa e negli Stati Uniti sono stati i cinesi Chen Zhen, Huang Yong Ping e Cai Guo Qiang.

Cai utilizza i rimedi a base di erbe della medicina cinese, mentre Huang Yong Ping adopera i segni della medicina cinese e orientale. L'idea di Cai di non opporre resistenza ai mali della civiltà per lasciarsi condurre con dolcezza verso il proprio destino, rappresenta una forma di resistenza alle teorie e alle funzioni evoluzioniste del modernismo, nell'intento di decostruirle. Un progetto ancora più evidente negli spettacolari paesaggi creati dalle sue grandi performance pirotecniche ed esplosive, realizzate in moltissime città, tra cui Utrecht, Vienna e Gent in Europa. Yong Ping e Cai, entrambi rifugiati politici già dagli anni Ottanta, sono ricorsi a segni cinesi/orientali tradizionali che fanno parte dell'identità culturale cinese, come i fuochi artificiali e i rimedi a base di erbe. Al contrario, gli artisti cinesi e asiatici degli anni Novanta hanno trovato i propri temi e materiali nel quotidiano, soprattutto in ambiente urbano. Alcuni di loro hanno avuto la possibilità di apprendere i linguaggi dell'arte contemporanea durante gli studi giovanili in Europa e/o in America, dovendo poi, di ritorno nei propri paesi d'origine, limitarsi ad attività su scala ridotta, come accadeva fino a poco tempo fa. Tuttavia, alla luce dei progressi delle infrastrutture culturali e dell'aumento d'interesse da parte del pubblico giovane in patria, artisti come Rirkrit Tiravanija e Navin Rawanchaikul hanno iniziato a lavorare alla realizzazione nel proprio paese d'origine di progetti artistici opportunamente riadattati, in seguito alle ricerche condotte in Europa, come nel caso di *Rirkrit Land*. Ecco un esempio di feedback dall'Europa all'Asia. Un fenomeno che inizia a interessare i professionisti dell'arte occidentali.

Nell'ambito dell'arte basata sull'immaginario e sulla cultura popolare kitsch asiatici, in realtà si entra in un mondo non umano. Si ha a che fare con un'idea di distruzione dei confini – tra uomo e donna, tra uomo e animale, tra mostri e uomini, tra macchina e uomo, tra natura e uomo – che deriva dal panteismo, più che dal monoteismo.

Per fare un paragone, qui si tratta di un approccio completamente diverso da quello di Mathew Barney, che trasforma e rimodella il corpo umano.

In modo ingannevole, le gradevoli icone della cultura popolare in realtà rappresentano piuttosto una critica nei confronti dell'uomo, mettendo a volte in luce bizzarre caratteristiche della vita. I loro riferimenti sono diversi da quelli dell'arte popolare occidentale. I cartoni animati giapponesi, ampiamente trasmessi anche in Italia, costituiscono un buon esempio di questa forma di animismo. Bisognerà aspettare ancora per vedere in che modo l'animismo penetrerà nella psiche degli spettatori. Giovani artisti europei tra i venti e i trent'anni, come Patrick Tuttofuoco in Italia e Mathieu Briand in Francia, fin dall'infanzia hanno avuto a che fare con i fumetti e i cartoni animati asiatici e coi loro personaggi robotizzati, subendone l'influenza.

Quando il dominio della tecnologia e del razionalismo scientifico diventa troppo forte, questo tipo di naturalismo/ anti-antropocentrismo funziona come antitesi. Mariko Mori sembra un'immagine esotica di "angelo orientale", ma la sua immagine è nello stesso tempo allegorica e sciamanica e predice un futuro irrazionale.

Ma Liuming, artista cinese, ha creato uno strano essere ibrido col volto femminile e il corpo maschile. Lee Bul, artista coreana, ha presentato *Cymonster* e *Cyborg*, esseri ibridi tra l'uomo e l'animale il primo e tra l'uomo e la macchina il secondo. Takashi Murakami, nella sua esposizione presso il Rockefeller Center di New York, ha messo bene in chiaro che il suo intento e quello della sua scuola di artisti è di esorcizzare i fantasmi del modernismo.

Le opere di questi artisti sono state esposte molto spesso in Europa, dalla seconda metà degli anni Novanta in poi. A partire dalle utopie dell'inizio del XX secolo, da una situazione iniziale di interazione reciproca fra i diversi generi siamo arrivati a una maggiore sensibilità sul piano individuale. Assistiamo al verificarsi di rapporti fluidi e vivi tra moda, architettura, film, arte, nonché nel campo della ricerca sociale e scientifica che generano attraversamenti di genere, discussioni ed espressioni interdisciplinari, collaborazioni creative.

La ragione di questa attività nei diversi ambiti delle belle arti, specialmente in Giappone, è che in questi luoghi non esiste una tradizione di gerarchie culturali consolidate, come in Europa dove le belle arti fanno parte della cultura alta. In Giappone, l'arte non è percepita come in cima alla gerarchia, ma è considerata uguale agli altri generi, comprese le sottoculture.

Lo dimostra anche il fatto che alcuni fumetti giapponesi sono messi sullo stesso piano delle opere letterarie. Si può fare l'esempio di uno stilista concettuale, Issey Miyake, creatore giapponese impegnato in densi esperimenti concettuali. Con *A-POC* Miyake ha creato una linea in cui chi comprava l'abito poteva tagliarne le parti e creare da sé il proprio vestito. Si tratta di un esempio di semi partecipazione all'interno di un processo che, normalmente, arriva all'acquirente quando è già terminato.

Final Home si basa sull'idea di poter trasformare i propri vestiti in "casa mobile" da utilizzare in città. Chi indossa l'abito, può collocare riviste e giornali in apposite tasche trasparenti sulla giacca.

Come in *Alien Stuff*, la performance realizzata da Krzysztof Wodiczko negli anni Settanta, *Final Home* si basa sull'idea della rappresentazione di se stessi come "altro" da sé, attraverso le fotografie e i messaggi collocati nelle tasche. Queste, sono tutte espressioni "inespressive". È la persona che riceve l'opera a compiere l'idea.

Anche Shigeru Ban attraversa ambiti dell'architettura, o semi architettonici, utilizzando materiali di riciclo, come tubi di carta e bottiglie di plastica.

Di conseguenza gli artisti asiatici, nell'ambito di questi dispositivi di scambio filosofico e culturale, hanno lavorato sul proprio scetticismo nei confronti del cambiamento dei valori, arrivando alla formulazione di concetti come quelli di "dare per dare," di sollecitudine, di collaborazione creativa col pubblico e gli altri artisti, di anti-antropocentrismo e di gerarchie culturali orizzontalmente uguali. Questi elementi rappresentano delle proposte, rivolte all'Europa dall'Asia.

In realtà, non sono elementi rintracciabili esclusivamente in Asia, ma qui, negli ultimi dieci anni, sono stati riconsiderati come stimoli culturali.

Vorrei menzionare anche alcuni artisti giapponesi che vivono e lavorano in Europa. La serie *Stranger* di Shizuka Yokomizo, che ora abita a Londra, presenta un'originale forma di approccio nei confronti dell'altro. L'artista scrive una lettera anonima alla persona designata che recita: "Vorrei fotografarti affacciato alla finestra di casa tua, dalla strada di fronte, il tal giorno alla tale ora. Se sei d'accordo, sei pregato di affacciarti alla finestra". La relazione tra chi è percepito (fotografato) e chi percepisce (fotografa) è prefissata, ma nello stesso tempo in questo modo si crea uno sguardo tra due persone.

Tomoko Takahashi perviene a un risultato analogo, nel suo lavoro di trasformazione del tempo e dello spazio con materiali cancellati. Questi artisti sono diventati famosi prima in Europa e ora, di rimando, cominciano a raccogliere consensi nelle mostre in Giappone. Hanno maturato le loro idee in Europa come "altri" e questo ha permesso loro di sviluppare punti di vista particolari.

In conclusione, questi elementi si riflettono nelle nuove direzioni prese dalle istituzioni artistiche e dai musei.

Il Museo d'Arte Contemporanea del XXI secolo di Kanazawa, per il quale lavoro, intende farsi portatore degli elementi di cui ho parlato, nel tentativo di creare un nuovo rapporto col pubblico, gli artisti e la comunità, restando comunque nell'ambito del rapporto chiuso tra la comunità e il museo esistente nelle città europee.

La cosa importante è che alcuni di questi artisti asiatici, grazie alle loro esperienze in Europa, hanno maturato una consapevolezza del "rapporto tra personale e pubblico" e delle responsabilità degli artisti verso la società. Grazie al processo di scambio tra l'Europa e i loro paesi d'origine, hanno sviluppato una specie di adattamento ibrido.

Da un altro punto di vista, gli elementi che ho presentato (le proposte da parte dell'Asia) sono una specie di pericoloso "coltello a doppio taglio," poiché rendono il ruolo dell'artista all'interno della società ambiguo e poco chiaro. Perciò, portare avanti la comunicazione e l'interrelazione tra Europa e Asia è divenuto quanto mai importante di fronte agli sviluppi di questo secolo e per il futuro.

Cultural Feedback Between Europe and Asia
Since the Late 1990s.

Hasegawa Yuko

One of the concepts that has emerged since the major European exhibitions in the latter half of the 1990s, such as "Traffic" by Nicolas Bourriaud (1996) or "Take me (I'm yours)" (1996), "Cities on the Move" (1997-98) by Hans Ulrich Obrist, and the 2nd Berlin Biennale (2001) by Saskia Bos, is that of artwork being open to audience and situation, audience participation, and relational aesthetics. This concept is also presented as a questioning of notions of authorship, leading to a critique of the concept of the individual as a subject of creation.

Among related conceptual tendencies, Asian artists' activities and presentations in Europe have generated unique magnetic fields, as well as contributed to the creation of diverse relationships and the breakdown of the relational structure of "artist and audience."

Various projects created by Thai artists, such as Rirkrit Tiravanija, based in Berlin and New York, provide typical examples of such trends.

The foundations of their work lie in conversion from exchange to giving, "give and take" to "give and give," and continuation of the act of giving without recompense. They focus on continuing to relate to others. Such bases are deeply rooted in Buddhism, which strives to eliminate ego.

These Thai artists, who I would like to introduce later, utilize readymade daily activities such as dining, traveling, playing music, shopping, massage, and riding in taxis in order to deconstruct systemic barriers and liberate human awareness. Such projects have often been shown at international exhibitions in Europe, such as Biennales, since 1993, thanks to the progressive, intellectual attitudes of museum curators in Europe. Thai artists first had opportunities to present their projects and develop to the present point through their European experiences.

While having learned chance operation, play, and audience participation from the work of Marcel Duchamp and John Cage, Tiravanija realized these elements in a more natural and sophisticated style. The simplest influence Tiravanija gave to the world of art was to redefine art from outside of its standard arena and expand it. Thus, by that definition, art should be free from discipline, and enable communication through all types of media and methods.

Tiravanija gathers people in a gallery space and treats them to Thai cuisine in order to create a simple yet very beautiful view of "eating together." His intention is not saving the poor, offering religious salvation, or having a party for friends.

Like Iiravanija, Surasi Kusolwong, who studied in Italy, now lives in Bangkok. He has created a time and space device in order to facilitate human encounters. Kusolwong sets up a market space where people exchange objects and asks the audience to take what they like for free. He presents an encounter with equal-value exchange, and also allows cheap Thai daily products to penetrate the lives of ordinary people in foreign lands. In the massage rooms, fabrics are hung as minimal paintings, and the primal structures are cushions. Communication and hospitality coexist in the space, while inheriting minimalist aesthetics.

Navin Rawanchaikul, based in Japan and Thailand, uses a taxi as his "moving gallery" in order to open communication between local taxi drivers and people. His project also gives Thai people jobs, such as painting movie billboards and, for workers/fabricators, making furniture with used tires.

Joe Apichatpong Weerasethakul, a film director and video artist, won a prize at the Cannes Film Festival. He casts ordinary people, creating a story-telling process that also serves to develop their social awareness. The artists who multiply these connections all have the characteristics of spiritual consolation and peacefulness. These Asian healing tendencies have been stereotyped as cliché and exoticism in the past. However, as these contemporary works have included vital social aspects, these traditional Asian characteristics have brought rich atmosphere to the artworks.

Among the forerunners of Asian artists who moved to Europe and the U.S. in the 1980s are the Chinese artists Chen Zhen, Huang Yong Ping, and Cai Guo Qiang.

Cai uses Chinese herbal medicine, while Huang Yong Ping applies Chinese Eastern medicinal signs. Cai's idea of not resisting the ailments of civilization and gently guiding us to our fate defies Modernism's evolutionary theory and functions in order to deconstruct it. This is accelerated through the created landscapes of Cai's large-scale performances, using fireworks and explosions, as executed in several cities like Utrecht, Vienna and Ghent.

Yong Ping and Cai, being political refugees in the 1980s, used traditional Chinese/Eastern signs of Chinese cultural identity, such as fireworks and herbal medicine. Conversely, 1990s Chinese and other Asian artists have found themes and materials from their daily lives, mainly in urban environments. Some of them had opportunities to learn the language of contemporary art when they were young students in Europe and/or America, being limited to small-scale activities in their own countries until recently. However, in the light of improvements to cultural infrastructures and increasing interest from young audiences back in their own countries, artists such as Rirkrit Tiravanija and Navin Rawanchaikul are bringing back projects like *Rirkrit Land* with new adaptations, after having explored Europe. This is an example of feedback from Europe to Asia. The phenomenon has begun to attract Western art professionals.

The fields of art that are related to Asian fantasy and kitsch pop culture, in fact, include an introduction to the non-human world. This includes ideas to destroy borders—between man and woman, human and animal, monster and human, machine and human, nature and human—and derives from pantheism rather than monotheism.

Comparably, this approach is completely different from Matthew Barney's approach of transforming and remodeling the human body.

Deceptively lovable pop icons actually function as a critique to humanity and sometimes reveal the bizarre qualities of existence. They have different bases from Pop art in the West. Japanese animation that has been largely aired in Italy is a good example of animism. We have to give it time to see how it penetrates the psyche of the viewers. Young European artists in their late 20s and early 30s, such as Patrick Tuttofuoco from Italy, and Mathieu Briand from France, have been familiar with and influenced by Asian animation and robot characters since childhood.

When technology and scientific rationalism become too dominant, this type of naturalism/anti-humancentrism functions as an antithesis. Mariko Mori is understood as an exotic fantasy of the "Eastern angel"; at the same time, she has recreated her image as allegorical shaman who predicts an irrational future.

Ma Liuming, from China, created a strange hybrid gender with a female face and a male body. Lee Bul from Korea presented the *Cymonster* and *Cyborg*, hybrids of human/machine and human/animal. Takashi Murakami made it clear at his exhibition in the Rockefeller Center in New York that he and his school of artists function as exorcists of the ghosts of modernism.

The artworks of these artists have been exhibited many times in Europe from the latter half of the 1990s to the present. Sharing utopian visions from the beginning of the 20th century, the state of different genres interacting with one another is progressing at the level of more individual sensitivity. There are fluid and active relationships among the fashion, architecture, film, art, social, and scientific research fields, where cross-genre, interdisciplinary discussion, expression, and co-creation are being generated.

The reason why these fields other than fine art are active, especially in Japan, is that there is not a tradition of cultural hierarchy established, as in Europe, where fine art is placed at a higher level. In Japan, fine art is not perceived at the top of the hierarchy, but understood to be equal to other genres, including subcultural ones.

As a good example, some Japanese comics are held as containing content that is equal in quality to that of literature. For example, as a conceptual designer, Issey Miyake is one of the creators in Japan who conducts bold conceptual experiments. In *A-POC* he created a design such that a person who bought the cloth could cut the parts and create her/his own clothes. This is an example of semi-participation in the otherwise ready-made process.

Final Home is the concept of making the clothes you are wearing into your "mobile home" in the city. The owner picks up magazines and newspapers to put into many transparent pockets covering the jacket. As in *Alien Stuff*, which Krzysztof Wodiczko performed in the 1970s, *Final Home* has the same concept of representing oneself as the "other" by putting photographs and messages in the pockets. These are all "un-expressive" expressions. The person who receives the work completes the concept.

Shigeru Ban also crosses over into un-architectural or semi-architectural fields using recycled materials, such as paper tubes and plastic beverage bottles.

Thus, Asian artists, borrowing their philosophies and backgrounds as a device, have explored their skepticism toward changing values, leading to the concepts of "give and give," healing, co-creation with audience and others, anti-humancentrism, and horizontally equalized cultural hierarchies. These elements constitute a proposal from Asia to Europe. As a matter of fact, these elements are not only limited to Asia, but have been explored as cultural stimuli for the last decade.

Here I would like to mention some of the Japanese artists who live and work in Europe.

In her *Stranger* series, London dweller Shizuka Yokomizo takes an original approach to others. She writes an anonymous letter to people that reads, "I would like to photograph you from the window across the street from your home on such and such date. If you agree to do so, please stand at the window." The relationship between the one who is perceived (photographed) and the one who perceives (photographs) seems to be designated; at the same time, a mutual gaze is generated. Tomoko Takahashi has much the same effect in her work that transforms time and space with obliterated materials. These artists first received attention in Europe, and now have started to garner feedback through shows in Japan. They developed their ideas as "others" in Europe, which gave them unique points of view.

Lastly, these elements are reflected in the new directions of art institutes and museums. The 21ˢᵗ Century Museum of Contemporary Art, Kanazawa, which I am working for, intends to reflect the previously mentioned elements and try to create new relations with the audience, artists, and community, while referring to the close relationship between community and museum found in European cities.

The important thing is that some of these Asian artists became aware of "the relationship between individual and public" and artists' responsibilities to society through their experiences in Europe.

Through the commuting process between Europe and their countries, they have been developing a kind of hybrid adaptation.

From another point of view, these aforementioned elements (proposals from Asia) are a kind of dangerous "double-edged sword," making artists' roles ambiguous and unclear in their respective societies. Thus, continuous communication and interrelation between Europe and Asia have become all the more important as we face the developments of this century and the future.

Dibattito

Anna Detheridge: Penso che l'approccio che Jean-Hubert Martin ha illustrato questa mattina non sia privo di problemi. Quando si paragonano le espressioni di culture molto diverse da quelle europee e si mette tutto sullo stesso piano, senza mostrare al mondo occidentale che si tratta di testimonianze di culture differenti, ma immettendo in realtà queste opere nel mercato internazionale dell'arte, si cambia radicalmente il loro significato.
Noi qui, oggi, parliamo di identità, mettendo a confronto le identità e le culture.
Nel momento in cui un curatore europeo sceglie un artista che non è rappresentativo della sua particolare cultura, ma che lavora al di fuori della modernità, che tipo di servizio sta rendendo alla conoscenza e alla comprensione di quella cultura?
Se io fossi un artista contemporaneo che lavora a Lagos, me la prenderei se un artista completamente al di fuori della comunità artistica del mio paese andasse a esporre a Parigi per rappresentare la cultura nigeriana, dopo esser stato scelto da un curatore europeo.
Mi sembra, inoltre, che sia pericoloso per gli operatori occidentali aggirare le differenze culturali e non dare importanza alla difficile storia del processo di adattamento alla cultura occidentale; non tener conto di tutte queste generazioni ibride di cui ha parlato Franz Fanon. La difficoltà della cultura africana, per esempio, di scendere a patti con la cultura occidentale non è riconosciuta (perché il gusto occidentale non è poi così interessato alle elaborazioni africane dell'arte formale "greenberghiana").
Mi sembra che questo comportamento rifletta l'arroganza del mondo occidentale, che continua a essere neo-coloniale e guarda al resto del mondo raccogliendo e scegliendo solo quello che piace a lui, per metterlo sul mercato. Questo modo di presentare la "differenza", però, che un tempo era chiamato "esotismo", non ci aiuta granché a comprendere le differenze reali tra la nostra modernità e le altre culture che continuiamo a considerare come una "storia esterna". È questa, secondo me, la questione centrale.
Jean-Hubert Martin: Non pretendo di avere la risposta a questo problema, ma cercherò di fornire alcuni elementi. Ho sempre trovato asso-

lutamente ridicole le continue critiche di neo-colonialismo che mi sono
state rivolte per quello che ho fatto perché, come ho più volte ribadito
anche nel mio intervento, noi viviamo in un mondo in cui siamo tutti
in contatto, in cui non esistono più riserve di nessun genere. Dobbiamo
dimenticare l'idea che esistano ancora culture protette. Siamo collegati, siamo in contatto, in rapporto, perciò non vedo perché sarebbe
meglio relegare Tokoudagba nel suo contesto sacro ad Abomey e non
fargli esporre i suoi quadri nei musei. Questo fa parte del mondo di
oggi. Naturalmente, io trasformo questi oggetti in qualcosa di completamente diverso, ma questo succede sempre e comunque.

A. D.: Però la relazione non è reciproca, nessun curatore di Lagos ha le
stesse possibilità oppure, invece, loro guardano alla nostra cultura in
questo stesso modo?

J.-H. M.: Prima di tutto, se si parla di curatori di Lagos, bisogna anche
fare dei nomi. Noi stiamo disperatamente cercando dei curatori africani. Simon Njami, per esempio, è nato in Camerun, ma vive a Parigi.

Carlos Basualdo: So che lei conosce molto bene la situazione delle istituzioni, fuori dall'Europa e dagli Stati Uniti. Che è il motivo per il quale
le persone come me, fondamentalmente, sono costrette a lavorare in
una posizione intermedia, tra i luoghi in cui siamo nati e quelli in cui
viviamo. Le ragioni sono sociologiche, politiche ed economiche. Parliamo di persone che vivono questa situazione e la comprendono da una
prospettiva che, in un certo senso, è multiculturale. La maggior parte di
loro ha studiato nei propri paesi d'origine, ma ha potuto lavorare solo
all'estero. Sono in molti, in queste condizioni.

J.-H. M.: Sono decisamente d'accordo con lei, ma a questo proposito
vorrei citare un semplice fatto. Noi stiamo organizzando un'esposizione di arte africana contemporanea, il cui curatore è Simon Njami.
Abbiamo un comitato e stiamo lavorando sul catalogo. È molto difficile trovare curatori o critici africani che scrivano per il catalogo. Non
vogliamo avere ancora una volta un catalogo scritto da bianchi. Qualsiasi consiglio possiate darmi va bene, vorrei dei nomi.

C. B.: Basta guardare nel libro che Okwui Enwezor e Olu Oguibe hanno
pubblicato un paio d'anni fa su *L'Arte Africana Contemporanea* (Contemporary African Art). Sono sicuro che lei conosce il libro. Ci sono
molti nomi interessanti.

A. D.: Probabilmente, la cosa più importante è che ogni curatore ha la
responsabilità di conoscere e comprendere la cultura dei paesi degli
artisti che sceglie. Non si può essere completamente ignoranti rispetto
alle culture con cui si ha a che fare nel proprio lavoro.

C. B.: Vorrei aggiungere qualcosa riguardo al fatto che in questi luoghi
non si trovino persone in grado di scrivere di arte. L'ho sentito molte
volte, anche a proposito dell'America del Sud dove è vero che non si

riceve la medesima istruzione che si ha, invece, negli Stati Uniti, ma probabilmente chi si occupa di narrativa sa anche parlare di arte, oppure sono gli stessi artisti a scrivere, come è il caso di Oiticica.

Per prima cosa, dobbiamo chiederci quale sia la nostra prospettiva. Se la nostra è una prospettiva eurocentrica, allora non potremo trovare che determinati casi molto particolari (ovvero, la deviazione da questi casi). Se, invece, il nostro tentativo è di lavorare all'interno dei parametri operanti a livello locale, a quel punto troveremo molte persone interessanti, perché queste culture sono ricche, fertili sotto tanti punti di vista. Perciò, ritengo che il nostro sforzo debba essere il tentativo di comprendere, dall'interno del sistema stesso, in che modo funzionano queste culture nella realtà.

A. D.: Il che proprio non elimina la complessità e i punti di vista complessi.

Marcella Vanzo: Vorrei porre una domanda sull'approccio. Alla lettera questo approccio, che mette nei musei bellissimi oggetti costruiti da grandi artigiani europei per realizzare splendide esposizioni, porta alla superficie una grande contraddizione. In qualche modo, sembra qualcosa di magico.

J.-H. M.: A mio vedere, sono così tanti gli approcci nel mondo dell'arte europeo-americano, che a volte si trova anche "qualcosa di magico", come lo definisce lei. Voglio dire, ci sono mostre che vanno molto oltre rispetto a questo circuito per così dire "integralista" del mondo dell'arte, sul design, la moda, l'architettura e così via.

Alessandra Gnecchi: Vorrei ringraziare Jean-Hubert Martin per aver argomentato così chiaramente il suo punto di vista, che io condivido in pieno, perché la mia esperienza personale in ambito estetico e artistico corrisponde interamente a ciò che lei ha presentato. Volevo chiederle se conosce l'esposizione sull'arte africana ora in corso a Torino, che mostra in modo incredibilmente esplicito come guardare all'arte africana da un punto di vista puramente artistico e lo fa in modo straordinariamente efficace.

La seconda cosa che volevo dire è solo una considerazione che mi è venuta in mente mentre lei parlava. Mi chiedo se non si stia tornando alla 'Wunderkammer'– in cui il "Wunder", in termini moderni, non è altro che la creatività.

Francesca Pasini: A proposito di un diverso approccio, credo che la prima responsabilità che abbiamo noi occidentali sia di tenere conto delle *nostre* difficoltà nel tentare un dialogo con una cultura che non conosciamo. È facile cadere in specularità che, per quanto assolutamente "auspicabili", possono riprodurre un atteggiamento di stampo neo-coloniale. L'incontro con l'altro può rivelarsi difficile: difficile da normare e da risolvere.

Sarebbe ipocrita affermare che la supremazia occidentale non esista. La questione sta nel cambiamento delle nostre categorie interpretative. Vogliamo cambiarle, tentando di conoscere l'altro con la difficoltà che questo comporta, oppure semplicemente vogliamo tentare di essere un po' più democratici?

Non credo che sia possibile inventare un altro approccio, se non partendo da sé.

Quello che mi interessa nel guardare l'enorme presenza di opere d'arte che vengono dai cosiddetti "altri mondi", è capire come esse influiscono su di me, non come io, in maniera universale, riesca a collocare il loro sapere.

Jota Castro: Sono un artista e faccio l'avvocato. Per questa ragione, conosco a fondo il progetto dell'allargamento della Comunità Euorpea ai paesi dell'est e devo dire che l'informazione che passa non è precisa. A proposito di quanto sosteneva Lóránd Hegyi, sono perplesso che non ci sia altra possibilità di parlare dell'altro se non in termini dialettici, per cui uno esiste solo in funzione dell'altro. La Comunità Europea ha creato un fantasma, il fantasma dell'idea che con i nuovi membri la politica comunitaria investirà tanto nella cultura. Questo non è vero, perché il budget della Comunità Europea è stato congelato per i prossimi sette anni.

Le condizioni giuridiche prevedono inoltre di avere tre paesi membri che fanno parte dei progetti di finanziamento culturale che coinvolgano paesi dell'est. Insomma, è nato il mito di un nuovo *Eldorado* nell'Est, tutti vogliono fare progetti con questi paesi in questo momento, ma su questi presupposti credo che sarà molto difficile fare qualcosa di interessante.

Ora vorrei rivolgermi al signor Martin; ho un interessante problema rispetto a quello che lei dice, a causa del mio "transculturalismo". Io provengo dall'America Latina, da un piccolo villaggio che è comparso sulla cartina del mio paese solo due anni fa, ma sono spaventato da questo tipo di comunicazione e transculturalismo dell'Europa e del resto del mondo. Se *Les Magiciens de la Terre* è divenuto l'unico metro per l'arte prodotta all'esterno del mondo occidentale, allora si creano immensi problemi per le persone come me, perché io non voglio che il mio lavoro sia letto in chiave etnica.

Lei ha parlato di vari eventi e argomenti. Ha parlato dell'organizzazione dell'informazione nel caso degli artisti non occidentali; della gestione governativa del territorio nel caso delle persone australiane; dei problemi abitativi nel caso delle donne africane; di problemi religiosi, di problemi della salute nel caso degli stregoni; di conservazione dei rituali; del bisogno di misticismo in rapporto alla situazione della Cina. Ma qui, a me sembra, stiamo parlando della creazione di souvenir, che è la ragione per cui è cominciata un'operazione di questo tipo.

Come artista, non mi interessa definire per forza il mio lavoro, perché ci sono dentro. Però, quando leggo le teorie di un'esposizione come *Les Magiciens de la Terre*, sono portato a riflettere sulla situazione e il solo termine che mi viene in mente è la parola francese *mandarin*. Lei sarebbe il *mandarin* dell'arte prodotta da persone come me. È una situazione terribile, perché lei è il riflesso di una specie di nuova scuola francese, molto conservatrice, il cui obiettivo è la creazione di un modo molto stereotipato – un modo morale – di mostrare l'arte. Tutte queste persone provenienti da tutti questi paesi per lei sono interessanti solo perché riflettono le sue idee... in questo modo non c'è comunicazione su una cultura, c'è la dimostrazione di una superiorità.

J.-H. M.: C'è molto da dire. Prima di tutto, se lei è un artista, non dovrebbe assolutamente creare le sue opere per me. Mi dimentichi, oppure mi combatta. Lei trova che io sono un *mandarin*: non è esattamente quello che volevo.

In realtà, quello che cercavo di mostrare è che la mia posizione è ben lontana dall'essere pacificata.

Io ho presentato tutti questi esempi e criteri, perché ci sono dei problemi.

Non dico assolutamente, in nessun modo, di averne risolto qualcuno. Ma per me sono problemi reali, molto più interessanti, per esempio, di molte altre questioni di cui si parla invece sulle riviste d'arte contemporanea.

Ora, sta unicamente a lei se decidere di lavorare come artista postmoderno o etnico, se prendiamo questi due estremi. È una decisione difficile, che spetta a lei come artista. Ma è aperta, è assolutamente aperta. Tutti gli artisti che mi hanno davvero interessato, hanno sempre trovato nella propria cultura, nella propria infanzia e nella propria educazione le risorse da cui creare il loro lavoro. Non conosco assolutamente il suo retroterra culturale, ma questo è un suo problema, perché l'artista è lei. Io sono il curatore e lei l'artista.

Al giorno d'oggi, ci sono molti artisti africani che rifiutano di partecipare a mostre come quelle di cui ho parlato prima, perché pensano che rappresentino un ritorno a una visione che rifiutano. E io rispetto completamente questo punto di vista. Ciononostante, il mio compito non è solo di lavorare per il piccolo circuito del mondo dell'arte contemporanea, ma per il grande pubblico. E nel grande pubblico c'è un grande bisogno di conoscere le altre culture, come le numerosissime culture africane; e di conoscere meglio la loro evoluzione attuale e le loro modalità di adattamento al contatto continuo col nostro mondo, un contatto che è sempre violento e difficile.

C. B.: Devo davvero ammirare la sua resistenza, perché sicuramente lei è sempre stato attaccato moltissimo – al punto che oggi, forse, per lei è diventato un divertimento... Penso che nel suo discorso sia chiaro che quello che le permette di mettere insieme Richard Long e dei pittori indiani è la possibilità di metterli in relazione con una categoria che, almeno secondo lei, è connessa all'"arte" o alla "creazione". A me sembra che per lei questa categoria non sia storica, ma trascendentale. Io penso invece che, all'interno del complesso quadro della modernità – di ciò che significa modernità – la categoria di arte non sia trascendentale, ma storica. Se è una categoria storica, vuol dire che è soprattutto linguaggio. Per parlare questo linguaggio, c'è tutto un insieme di regole che bisogna conoscere.

Mi sembra interessante il fatto che il tipo di linguaggio da lei proposto sia un linguaggio che, secondo le sue stesse parole, preclude la traduzione. Alla fine del suo intervento lei ha detto: "Non mi interessano molto queste forme di traduzione". Ora, se si tratta di un linguaggio, si tratta di qualcosa che è sempre già tradotto. A meno che non si creda all'esistenza di un linguaggio ideale e originario, in cui non esiste l'idea di traduzione perché le sue parole sono identiche alle cose designate – che forse è il linguaggio della religione. Ma in ogni caso non è il linguaggio della modernità, né riguarda il modo in cui si intende il linguaggio in ambito moderno.

Adesso io sto parlando "in" traduzione e anche lei sta parlando in un'altra lingua. So che lei parla di traduzione, di forme di traduzione e di una comprensione della modernità come traduzione. Ora, cercando di tradurre quello che lei ha detto, io credo che la nostra esperienza ci mostri che la nostra vita è da sempre una vita di traduzione. Qui il problema, però, è che è proprio l'esistenza di questa traduzione a non essere riconosciuta nella posizione che lei sostiene.

J.-H. M.: devo dire che sono d'accordo sulla maggior parte delle cose che lei dice. Per esempio, quando lei afferma criticamente che il mio punto di vista non è storico, io aggiungerei piuttosto che è antropologico. Ha a che fare con un'idea relativa alle capacità e alle creazioni dell'uomo in situazioni diverse nel tempo e nello spazio, e questa è antropologia.

C. B.: Mi viene da chiederle: di quale antropologia sta parlando? Io ho sempre seguito con estremo interesse gli sviluppi del pensiero antropologico, ma non mi sembra che l'antropologia sia rimasta un campo di conoscenza stabile. Anche l'antropologia è influenzata dagli sviluppi storici. Il punto di vista di cui lei parla appartiene a un certo modo di comprendere l'antropologia, che a questo punto è necessario storicizzare.

Lóránd Hegyi: Direi che l'antropologia è fondamentalmente storica, per il fatto che il momento in cui nasce questa considerazione è naturalmente un momento storico. Che lo si voglia o no, il punto di vista antropologico è sempre un prodotto storico. Questo è il motivo per il quale ho invitato Jean-Hubert Martin a parlare. Da un lato, la sua attività riflette una realtà relativa a culture differenti, anche molto eterogenee internamente, che lavorano e consumano le immagini, le informazioni, persino i valori, o i frammenti di valori, provenenti da altre culture – e come possiamo affermare che questo non riguarda l'arte visiva?

D'altra parte, anche l'aspetto antropologico è molto forte. La presentazione degli aborigeni australiani (come quella di Richard Long mentre lavora fianco a fianco con l'artista indiano) ci porta a chiederci se questi artisti stiano parlando, in definitiva, della stessa questione. A mio parere, il punto di vista antropologico non lavora sulla categoria astratta di arte, perché non si basa solo sull'arte.

Ci sono funzioni determinate in senso antropologico e culture differenti, persone diverse che vivono in contesti diversi e parlano anche in modo diverso, ma alla fine, in realtà, esistono questioni fondamentali come la morte, il tempo e la natura, che trovano espressioni diverse nei diversi contesti. Questo è il motivo per il quale, secondo me, è molto difficile comprendere queste esposizioni.

Dobbiamo conoscere il contesto, acquisire maggiori conoscenze, per riuscire a comprendere determinati aspetti. Di nuovo, le responsabilità sono anche del consumatore, secondo me.

C. B.: mi sembra che lei fosse d'accordo su quanto ho affermato sulla nuova antropologia. Mi riferisco all'antropologia dei valori, che contesta l'esistenza di un'idea trascendentale dell'essenza dell'umanità e la comprensione dell'arte come categoria trascendentale. Questo è la ragione per la quale mi rifiuto di affermare che tutta la produzione estetica fa riferimento a fondamenti condivisi da tutti, che costituirebbero la nostra comune umanità.

Cosa sia la nostra comune umanità è l'oggetto di continue riflessioni non solo da parte degli antropologi di oggi, ma anche in ambito filosofico. C'è un gruppo molto interessante di filosofi italiani, che scrive sulla nuova rivista *Forme di Vita* e che di recente ha pubblicato un numero sull'idea di natura umana, che si interrogava proprio sul modo in cui oggi, in un' epoca in cui lo stesso fatto concreto della vita è sottoposto al controllo politico, sia possibile pensare il legame tra linguaggio, vita ed esseri umani. Tutti questi problemi proprio di recente sono stati ripresi e discussi ampiamente. Per questo, mi sono permesso il mio lungo excursus, perché per me è necessario mettere in discussione qualsiasi tipo di concetto che si ponga come trascendentale.

[Il dibattito prosegue dopo gli interventi di Carlos Basualdo: *Tropicália*, e di Hasegawa Yuho: *Il feedback culturale tra Europa e Asia...*]

Francesca Recchia: Dal dibattito di questa mattina sembravano emergere poche speranze per un dialogo tra culture. Credo invece che la presentazione di Carlos Basualdo dimostri come un lavoro interdisciplinare sia possibile. Che ci sia un'alternativa interculturale in grado di sfuggire tanto alla chiusura che ad atteggiamenti politicamente corretti (evitando ogni confronto e ogni relazione con le differenze) o pietistici ed accondiscendenti, che finiscono per rinforzare un'immagine della cultura come autentica, originaria e originale. Questo è in fondo il rischio che emergeva da alcuni interventi di oggi.

C. B.: Quando oggi abbiamo parlato di antropologia, pensavo in particolare a un antropologo brasiliano di cui, in quel momento, non ricordavo il nome. Questo antropologo si chiama Eduardo Viveiros de Castro e, tra l'altro, ha lavorato moltissimo con Marilyn Strathern e anche con Bruno Latour.

A. D.: Forse, parlando sempre del Brasile, potrebbe essere interessante proprio tornare a quello che diceva Basualdo sull'innesto fra cultura brasiliana e modernismo, che ha coinvolto un gruppo di architetti e un certo numero di intellettuali provenienti dall'Europa, come Lina Bo Bardi. Questo innesto di cultura europea su forme locali è un carattere decisivo dell'America Latina, non solo del Brasile, e restituisce un dinamismo, un'idea di futuro. Cose che in Europa forse non abbiamo più ma che in America Latina si sentono con forza.

Occorre però dire che ogni realtà fa storia a sé, come dimostra la relazione di Hasegawa. In Giappone l'incontro fra Est e Ovest credo sia più problematico.

Le difficoltà possono avere a che fare con l'identità, coinvolgendo non soltanto l'identità dell'arte, ma anche l'identità ibrida del pubblico giapponese e degli artisti in relazione col mondo dell'arte contemporanea europeo e occidentale. Può dirci qualcosa in proposito? Quali sono le difficoltà con la sua tradizione e i valori europei, o con la sovrapposizione dei valori?

Hasegawa Yuko: Ho appena parlato dell'esistenza di una gerarchia e di una tradizione artistica in Giappone. Ma è un fatto discutibile. Tutti gli artisti, anche i professionisti museali, sono veramente rispettati solo in Europa. Quando gli artisti vengono in Europa per realizzare dei progetti, sono molto più rispettati per quello che fanno, rispetto a quanto accade in Giappone. Per questo motivo, per loro è molto più stimolante fare gli artisti in Europa. Sono molto consapevoli delle responsabilità e del ruolo dell'artista. A volte, quando tornano in Giappone, non possono continuare a fare gli stessi progetti realizzati in Europa.

In Giappone, come negli altri paesi asiatici, gli artisti vivono una strana esperienza di "distacco" dal proprio ambiente culturale. Le differenze riguardano anche il modo in cui gli artisti si fanno carico della propria differenza, dal momento che gli artisti del continente asiatico devono lavorare facendo riferimento a due standard diversi.

J. C.: Perché i *nisei* (il nome dato ai giapponesi di fuori, immigrati) non creano quasi niente nell'America del Sud? Due milioni di peruviani sono di origine giapponese, mentre in Brasile ci sono tre milioni di immigrati giapponesi. I *nisei* non partecipano alla " cultura di Tropicalia", a parte Noguchi Isamu, che è un mix nippo-americano, e "O Globo", che è una creazione *nisei* ed è probabilmente l'unico caso, nella storia della cultura brasiliana, di operazione transculturale totalmente importata.

C. B.: In Brasile, la comunità giapponese è molto attiva. Oggi, in Brasile, Ricardo Ohtake, che piaccia o no, è considerato uno dei più importanti architetti.

Inoltre, ma è un'altra questione, non voglio dare l'impressione di considerare il Brasile come una specie di paradiso. Sto cercando di presentare una situazione di instabilità estrema, sul piano politico e culturale. È anche un paese con un livello tremendo di ingiustizia sociale. Quando parlo di quel preciso modello culturale, non sto dicendo in alcun senso che è egemonico, o che riflette tutta la situazione del paese nel complesso.

J. C.: Perché alla gente in Europa piace la cultura *Kawai*, una bellissima cultura, ma dotata di una semplicissima estetica *bon-ton*? Takashi Murakami è l'esempio di questa visione, nell'ambito della cultura popolare giapponese. Perché, secondo lei, agli europei interessa così tanto?

Y. H.: perché, come dicevo prima, il lavoro di Takashi Murakami si presenta in modo diverso in Europa, negli Stati Uniti o in Giappone. In Giappone il suo lavoro resta assorbito da un sacco di altre icone pop. Qui, invece, non ce ne sono così tante dello stesso tipo, così le sue opere assumono importanza ed esclusività, come fossero una specie di fiore all'occhiello del modernismo. Il suo lavoro è unico e in più ci sono pochissime altre immagini simili, qui. Il suo lavoro è accolto in modo molto diverso in Giappone, in Europa e nei paesi occidentali.

Maria Paola Spinelli: Io volevo semplicemente aggiungere qualche riflessione rispetto al tema del convegno, *l'Europa e gli "altri"*, e sulla polarizzazione Est-Ovest. Credo che faccia parte di una visione superata. Non esiste più una contrapposizione assoluta tra globale e locale. A questo proposito occorrerebbe riprendere il termine "glocal", che anziché accentuare la polarizzazione sottolinea gli elementi unificanti in base ai quali occorre ripensare al concetto di identità. Su questo punto mi piace citare Martin Jay, discepolo della scuola di Francoforte che all'immagine di incrocio come *melting pot* preferisce quella di una *tossed salad*, dove tutti gli elementi creano un'insalata ma restano unici.

A. D.: Sicuramente, oggi uno dei fenomeni più evidenti è che non esistono più un Est e un Ovest assoluti, ma sempre più ibridazioni e sottocomunità. L'effetto però è spesso destrutturante, in termini di senso di appartenenza e di valori condivisi, fattori che sono comunque necessari per un'identificazione delle società.

Roberto Pinto: Volevo chiedere a Carlos Basualdo di fare un passo indietro rispetto a ciò di cui ci ha parlato, a questa mostra che è un'ottima metafora di quello che sta succedendo, frutto anche di una fortunata coincidenza, in cui artisti, musicisti e scrittori si sono trovati a lavorare insieme. Vorrei che tornasse su Documenta, di cui è stato uno dei protagonisti e che in qualche modo è un punto fermo per il dibattito sull'identità.

Mi interesserebbe un bilancio a posteriori di quello che è stata la sua esperienza. Se Martin con *Les Magiciens de la Terre* ha in un certo senso aperto la questione, Documenta 2002 rappresenta il passaggio successivo e non parlarne mi sembrerebbe un peccato.

C. B.: Penso che per le persone coinvolte nell'esposizione, Documenta sia stata un'esperienza di vita così forte e che sia ancora così vicina, da rendere molto difficile una sua analisi critica. Inoltre, se si chiedesse a tutti i membri del team la loro idea di Documenta, verrebbero fuori le opinioni più disparate.

Documenta è stata il prodotto di innumerevoli dialoghi, ma anche di un continuo confronto, tra i membri del team. Anche se Documenta aveva chiaramente una direzione, questa direzione è stata il prodotto delle numerose voci, delle molte conversazioni che hanno prodotto l'esposizione vera e propria.

Direi che uno dei nostri tentativi è stato quello di pensare una topologia della cultura a partire dalla complessità. La geografia della cultura è sempre stata qualcosa di molto complesso e non ha mai rispettato i confini nazionali. Mi viene sempre in mente Jorge Luis Borges e la sua idea di spazio della cultura come spazio labirintico. In Borges c'è l'immagine di un uomo che un giorno della sua vita entra in un bar di Buenos Aires e finisce per ritrovarsi seduto al tavolino di un bar di Praga o del Cairo. Per me, il labirinto di Borges è una metafora del modo in cui è sempre stata prodotta la cultura.

Dicendo che la nostra intenzione era di creare una topologia della cultura a partire dalla complessità, non dico niente di originale, ma per alcune ragioni nel contesto dell'arte moderna e contemporanea sembra che lo sia. Per comprendere come mai succeda, bisogna analizzare il modo in cui l'idea di arte moderna è stata rimodellata a partire, per esempio, da quello che è successo al Museum of Modern Art di New York fin dalla sua apertura. Oppure, bisognerebbe analizzare il recupero dell'arte moderna in Europa dopo la guerra, attraverso esposizioni come la stessa Documenta.

È possibile ricostruire i momenti in cui la complessità dell'arte moderna è stata riorganizzata in una storia delle forme. È stata una storia molto lineare, che ha accuratamente evitato tutte le trame che il modernismo aveva originariamente e la molteplicità delle voci cui aveva dato forma. Alcune delle opere che Lóránd Hegyi ha mostrato oggi mi hanno sorpreso. Ci è ancora consentito chiedere a voce alta perché queste opere non siano esposte e studiate, con tutta la risonanza e le conseguenze che una tale analisi comporterebbe, sia per la storia canonica dell'arte moderna, sia per la nostra stessa idea di storia?

Il nostro tentativo – e si è trattato di un paio di scarpe molto strette da infilare – è stato di pensare un modello possibile di geografia della cultura a partire dalla complessità. Abbiamo cercato di farlo non soltanto con l'esposizione, ma anche con una serie di conferenze. Le abbiamo chiamate *Platforms*. Francesca Recchia ha lavorato molto da vicino con noi durante questo processo preparatorio di Documenta, oltre ad averci aiutato sia nella mostra, sia nelle piattaforme.

Credo che in parte siamo riusciti nel nostro intento, ma non so se in un'impresa del genere sia possibile riuscire completamente. L'intenzione della nostra ricerca è stata soprattutto quella di costruire una nozione più complessa di modernismo e spero che se dobbiamo essere giudicati per il nostro lavoro, lo saremo in rapporto a questa speranza.

A. D.: Dal mio punto di vista, una delle cose interessanti di Documenta è stato il desiderio di cartografare un territorio, il desiderio di rendere visibile un'intera serie di questioni e di segnarle sulla mappa e questo ovviamente era necessariamente il risultato di una scelta. Per me, questo è probabilmente l'aspetto più interessante, è stato veramente una ricognizione, se si vuole.

F. R.: Documenta è stato un progetto culturale, nel senso più profondo del termine. Come diceva Carlos forse non si può giudicare in termini di successo, però il fatto di prendere in considerazione la possibilità del fallimento come parte integrante del processo, secondo me è stata una delle cose metodologicamente più importanti di Documenta.

Come mia esperienza, fondamentale è stata la continua attenzione alla discussione e al dibattito: è un progetto che viene fuori dal confronto, dalla discussione anche accesa. Noi stessi l'abbiamo testimoniato, sia all'esterno, che all'interno.

Faccio parte di un gruppo di nove giovani artisti, ricercatori e curatori della mostra. La nostra piattaforma nascosta consisteva nel mantenere uno sforzo di riflessione critica per tutto il tempo della preparazione della mostra. Penso che questo sia stato il più grande atto di coraggio da parte dei curatori, perché hanno messo in mano il loro progetto a nove persone che hanno avuto la possibilità di scomporre fino al più piccolo dettaglio tutta la loro pratica di curatori, il loro rapporto e la loro attività. Dal punto di vista intellettuale è stato un progetto unico ed estremamente ammirevole: la possibilità di creare una nuova forma di comunicazione e di redazione, la possibilità di aprire al dialogo una pratica che diversamente può rischiare di essere estremamente autoritaria. Forse una delle sfide del curatore, oggi, è quella dell'apertura al dialogo e al confronto.

C. B.: Ricordo che durante la conferenza stampa di Documenta 11, mentre parlavo di questo concetto di costruzione di una più complessa geografia della cultura, Okwui Enwezor disse una cosa che mi ha veramente colpito: "Molto spesso, sento che la gente parla di me come di una 'persona non occidentale'. Non voglio che sia possibile riferirsi alla mia identità con una negazione". Non so se comprendesse davvero l'implicazione filosofica di quanto stava dicendo... "Non voglio che la mia identità sia definita in termini negativi". E quando diceva "La mia identità", naturalmente stava parlando in generale del tentativo di evitare qualsiasi definizione dell'identità attraverso una negazione.

A. D.: Questo è un punto molto interessante. Io ho fatto le scuole in Inghilterra. Andavo dalle suore cattoliche, mentre tutti, fuori dalla scuola, erano "non-cattolici". Mi sembra che si tratti di un meccanismo psicologico del genere.

Una delle cose più interessanti di Documenta è la posizione di Sarat Maharaji, un altro dei curatori. La difficoltà della traduzione sta nel fatto che spesso fra una cultura e l'altra passano le cose più semplici e più banali e non i caratteri più specifici e più difficili da conoscere. L'importanza della conoscenza e della diversità sta proprio nel voler approfondire questa difficoltà di traduzione, che mai può darsi come immediata.

J.-H. M.: Si potrebbe scrivere una storia del fraintendimento assoluto. Pensiamo che il nostro modo di pensare scientifico e razionale ci porti sempre all'idea che da qualche parte esista un'interpretazione vera dell'oggetto. Qualsiasi oggetto creato dall'uomo, opera d'arte o altro – a un certo punto verrebbe interpretato per quello che è veramente, il che è assurdo, perché niente è vero, non esiste una verità dell'oggetto. Un certo tipo di etnologia, una trentina d'anni fa, ha cercato di definire la reale funzione degli oggetti all'interno dei rituali di loro pertinenza. Tuttavia, non ci vuole molto per capire che basta chiedere a più persone di diverso livello sociale se siano iniziati a qualche rituale, per avere le interpretazioni più diverse. Il che vale anche per le culture: non esiste un'interpretazione di un oggetto che sia vera.

Quando si passa da una cultura a un'altra, l'interpretazione interculturale che ne deriva è piena di fraintendimenti. Nonostante ciò, si compie comunque una specie di comunicazione ritardata.

Come occidentali, si deve convenire che non si tratta soltanto di pensiero razionale, ma anche di sentimenti, emozioni, sensibilità e soprattutto di qualcosa di visivo. Avvertiamo delle sensazioni che non sempre sono sbagliate – a volte lo sono – ma a volte sono anche giuste. Le si può verificare solo dopo, per capire se corrispondano a qualcosa di esistente in quella cultura e quanto lo si conosca.

Prendiamo le maschere africane. Di solito, nei musei e nella letteratura di settore, si trovano quattro o cinque categorie per interpretare queste maschere: come rituali di iniziazione, oppure funerari, etc. Dopo che lo si sa, però, non è che si sappia molto di più. Si viene a conoscenza dell'esistenza di una categoria, ma non si sa niente dell'utilizzo dell'oggetto.

Noi abbiamo bisogno di sapere molto di più sulle cose e devo dire che le spiegazioni della letteratura etnologica e dei musei etnografici mi hanno sempre dato molto fastidio, perché non mi spiegano assolutamente in che modo abbiano funzionato davvero quegli oggetti, quando venivano realmente utilizzati.

Credo che questo ci porterà a una specie di relatività. Hasegawa Yuko diceva prima che gli artisti giapponesi hanno un doppio standard, uno per il Giappone e uno per l'Europa, e che sanno adoperarli molto bene. Non è molto difficile da comprendere. Abbiamo tutti a che fare con livelli differenti.

Vorrei fare una domanda a Carlos Bausualdo. Dopo il suo intervento, ho compreso meglio quello che lei sosteneva questa mattina a proposito della traduzione. In realtà, da quello che lei ha ripetuto più volte anche a proposito degli artisti di cui ha parlato, risulta che essi hanno riprodotto uno stereotipo modernista: subivano l'influenza della cultura popolare e la reinterpretavano per un pubblico elititario. Questo è uno stereotipo costante della modernità, in rapporto al quale io ho molti problemi. È per questo che preferisco andare direttamente all'origine, alle fonti, per interrompere questa continua reinterpretazione delle cose con cui entriamo in contatto. Se si trattasse di qualcosa cui non avessimo accesso, potrei capirlo - bisogna pur mostrarlo in un modo o nell'altro - ma dato che possiamo accedervi, perché non mostrare la fonte reale?

Sappiamo che la vecchia moralità nel XX secolo si è nutrita anche di cultura popolare, di paura e di primitivismo. Penso, però, che quest' epoca ora sia finita e che si debba pensare in un altro modo.

C. B.: risponderò cercando di dare una lettura più prossima alle opere. Nel 1959, un gruppo di artisti di Rio de Janeiro - tra i quali Hélio Oiticica e Lydgia Clark - scrisse il *Manifesto Neo-concreto*. Una delle prime frasi del manifesto affermava la necessità di recuperare la tradizione del costruttivismo, ma per loro il costruttivismo era una forma di espressione, il che è una contraddizione in termini rispetto alla definizione standard dell'espressionismo come movimento artistico.

Vi avrebbero fatto l'esempio di Mondrian, considerato un artista "espressivo". Alla lettera, significa che il soggetto espresso dal costruttivismo non è un soggetto tradizionale.

Se il costruttivismo è espressione, il soggetto che esprime è un soggetto diverso – per questo il manifesto neo-concreto equivale a un ripen-samento delle stesse formazioni soggettive.

Penso che il punto di partenza del gruppo sia stato una certa lettura della fenomenologia. Merleau-Ponty è stato importante per Ferreira Gulla, come per i minimalisti degli Stati Uniti. Non credo che per Oiti-cica la *favela* fosse una specie di materiale primario. Non penso che si rapportasse alle *favelas* in questo senso. Nelle *favelas* vedeva il modo per mettere in discussione la propria pratica. E, secondo me, quello che è venuto fuori, fra queste persone e in queste pratiche, è un'antropolo-gia rovesciata, un'antropologia del sé (come quella proposta, tra gli altri, da James Clifford).

Nella mostra *Tropicália* parto dal fatto che sto parlando di interpreta-zioni della modernità diverse. Quello che secondo me succede nel con-testo di Tropicália, è un certo utilizzo dell'esperienza vissuta, per met-tere in discussione nell'ambito del modernismo le stesse premesse di queste pratiche.

L'impiego di forme non-sincretiste – come opposto all'utilizzo di forme in cui le tensioni sono in qualche modo risolte – non è una soluzione, nel senso che tali forme non vogliono risolvere nulla. Invece, vogliono presentare l'esperienza come contraddittoria – e come contraddizione. Per questo motivo, ho cercato di darne una descrizione attraverso il modello del collage. Per me, queste sono forme estreme di collage.

In *Tropicália* si può rintracciare lo stesso identico modo di procedere in numerosi professionisti della cultura. E in proposito, è interessante, oltre che stimolante, il fatto che essi non pretendano di risolvere alcun-ché. In questo caso, non abbiamo l'esperienza estetica come risolutrice di conflitti, ma l'esperienza estetica come esperienza del conflitto, come esperienza conflittuale. Per me, questo riguarda da vicino la modernità: la modernità riguarda i valori che emergono da rapporti conflittuali e non quelli ereditati da tradizioni gerarchiche precedenti. Questo è il potenziale rivoluzionario della modernità. Come lei diceva, la mia interpretazione si basa moltissimo sulla mia pratica. La mia sen-sazione è che sia estremamente necessario recuperare i valori relazio-nali trovati con la modernità e approfondirne la comprensione.

L. H.: È un fenomeno molto interessante il fatto che spesso, quando i diversi periodi del modernismo europeo vengono portati in un altro contesto, questa seconda interpretazione sia molto più vicina al conte-sto originale delle interpretazioni europee degli anni Venti, Trenta, Qua-ranta e Cinquanta, sempre più formalistiche.

Anche nel caso del modernismo di Buenos Aires degli anni Quaranta, vedo una specie di ritorno al costruttivismo russo delle origini, ma in un certo senso dimenticato. Diciamo costruttivismo, ma moltissime volte lo associamo all'astrazione geometrica. L'astrazione geometrica, tuttavia, sul piano del linguaggio formale fu un prodotto del costruttivismo, ma non ne fu assolutamente il nucleo, il centro. Anche nel caso del modernismo brasiliano – ma il termine modernismo qui non è l'espressione migliore, essendo strettamente connesso agli anni Venti, in Europa – si vede il ritorno a un' idea che era essenziale e centrale nell'avanguardia russa, vale a dire l' idea di arte come attività collettiva, come sperimentazione di differenti sensualità in modo non rigido e non formalistico, con un particolare utilizzo delle forme astratte – come nel caso di Rodchenko e dei suoi esperimenti sul colore. Per me, alcune opere di Oiticica hanno davvero un rapporto molto forte con Rodchenko. Non è possibile spiegare Rodchenko come monocromo, perché lo è stato per caso. Non si è concentrato sul problema del monocromatismo come problema del colore. La sua era una radicalizzazione della sensualità in un contesto completamente differente, mentre ora è interpretato in modo decisamente più sterile e formalistico. Si dimentica il contesto originario, che invece è stato molto più centrale nel modernismo di matrice non europea.

Il modernismo brasiliano o argentino degli anni Cinquanta, Sessanta e Settanta è molto più in relazione con questo contesto originario, rispetto all'interpretazione nordamericana degli anni Cinquanta, che in realtà è stata soprattutto un fraintendimento, come mostra il libro di Camilla Gray, *The Russian Experiment in Art* (Gli Esperimenti Russi nell'Arte) – che descrive l'arte concettuale russa come antesignana del minimalismo e completamente isolata dal contesto sociale.

Mi sembra molto interessante il fatto che nelle interpretazioni più tarde si ritrovi l'origine.

C. B.: Sono completamente d'accordo con lei, ma si può esserlo solo se per noi queste forme sono in dialogo con le forme precedenti, se per noi l'orizzonte storico è qualcosa di allargato, che in definitiva equivale a un ripensamento della storia dell'arte e dello stesso meccanismo della conoscenza storica.

Se pensiamo che queste persone realizzarono una specie di loro versione esotica del modernismo, se non ci rendiamo conto del modo in cui utilizzarono la loro esperienza proprio per mettere in discussione le basi stesse della modernità, allora, secondo me, stiamo mancando il bersaglio e perdendo l'opportunità di offrire un contributo storico significativo.

Ugo Simeone: A proposito di traduzione, credo che si debba riconoscere le altre culture senza impedirne l'esposizione nei musei, ma anche come atto di fedeltà. Sul concetto di occidente invece: certo, l'arte moderna riconosce la complessità della diversità, eppure quando la traduce in un museo il rischio della sua omologazione e riduzione a un linguaggio riconoscibile è sempre in agguato.

C. B.: Ecco, è proprio questo il punto. Naturalmente, l'apparato espositivo non è aneddotico. Esiste una storia della progettazione degli allestimenti espositivi e se la ripercorriamo vediamo che all'inizio del modernismo si era in un ambito di sperimentazione. Le persone non pensavano alla pratica espositiva come a qualcosa di separato dall'opera d' arte. Anzi, in qualche modo era una parte fondamentale della sua ricezione. Per loro era un continuum, in cui rientravano sia gli apparati espositivi, sia l'opera.

Se vogliamo ripensare questo ambito storico, dobbiamo ripensare la stessa pratica espositiva, via via sempre più formalizzata quanto la storia canonica che essa ha finito per raccontarci. Mi sembra una contraddizione, che arriva fino all'assurdo di mettere in discussione l'ambito storico, senza mettere in discussione il modo in cui lo si mostra, lo si presenta e si riflette al riguardo.

Federico Rahola: Sono assolutamente d'accordo con Basualdo quando propone una lettura della modernità in termini di conflitto, e cioè come qualcosa di non risolto, di irrisolvibile, che sovverte ogni gerarchia. Per questo mi veniva in mente un libro di uno storico indiano, Dipesh Chakrabarty, il cui titolo poteva essere, volendo, anche il titolo di questo incontro: *Provincializing Europe*. Credo che sia Documenta sia il progetto di mostra su cui sta lavorando Basualdo, siano esempi di politiche culturali che assumono questa dimensione di modernità, e sovvertono ogni idea di centro, ogni origine in base a cui è poi possibile orientalizzare gli altri, collocarli geograficamente, politicamente, artisticamente, e così facendo riprodurre confini.

In fondo, in gioco è la possibilità di produrre dimensioni di soggettività che sfuggono a stereotipi e definizioni univoche e che sanno giocarsi contro. Quello che dice Chakrabarty, è che l'idea stessa di modernità in posti come l'India o come il Brasile è impossibile senza dover per forza far ricorso a concetti che hanno la loro origine chiaramente in Europa, ma che in un certo senso vengono giocati contro l'Europa, con un senso di sfida, o, ancora meglio, con un sentimento che lui definisce di gratitudine anticoloniale.

Y. H.: Vorrei aggiungere ancora un' osservazione, rispetto all'interpretazione e al fraintendimento di cui si discuteva. A volte, come curatrice museale mi sento molto in colpa. Per organizzare le mostre, mi baso su moltissime conoscenze e informazioni. È il mio ruolo, perché penso: "Quale storia, quale conoscenza, quale cultura stanno dietro a tutto ciò?". A volte, però, in queste ricerche si verificano dei fraintendimenti. Per esempio, rispetto all'avanguardia russa, negli anni Trenta e Quaranta si sono importati in Giappone molti libri illustrati per bambini, che hanno direttamente influenzato i costumi, i fumetti e le immagini giapponesi. Questo ha contribuito alla creazione di una cultura giapponese molto interessante, ma il fatto è che non ne abbiamo alcuna conoscenza.

A volte vorrei lasciar correre, ma il fatto è che la cultura è ricerca, colore, immagini; è qualcosa di molto forte, in cui agiscono influenze e ritorni reciproci. Questo tipo di immagini ne dà un'idea. Le differenze culturali sono molto interessanti per quanto riguarda la traduzione e il fraintendimento. Stiamo entrando nel secondo stadio della globalizzazione. Tantissimi giovani artisti condividono le stesse informazioni, lo stesso tipo di media, persino lo stesso tipo di metodologie e ci parlano sia della loro vita privata, sia della loro sensibilità e del loro microimpegno nei confronti della società. L'impressione è che stiano per arrivare opere d'arte molto simili.

In questo stadio, forse sorgeranno altre questioni, perché in ogni paese c'è un diverso tipo di consenso politico su cosa siano la cultura e l'arte contemporanea. Ma alle volte, si prendono delle decisioni in merito a cosa è contemporaneo o ad altre attività culturali e sociali. Come si crei questo tipo di consenso è una questione sempre più grande, lo si può vedere in tutto il mondo, perché quello che dico sul consenso rispetto alla definizione dell'arte, ha un significato politico. L'Europa è molto forte, ma ci sono altri paesi che sono molto instabili.

Debate

Anna Detheridge: I think that the approach Jean-Hubert Martin explained this morning is not without problems. Once you compare expressions from cultures which are very different from European cultures, putting everything on the same level, not just showing them in the Western world as witnesses of a different culture, but actually putting them into the international art market, you change very radically the meaning of these works.

We are talking today about identities and confronting identities and cultures.

The moment that a European curator chooses an artist who is not representative of his or her particular culture and who is outside modernity, what kind of service are you doing to the knowledge and understanding of that culture?

If I were a contemporary artist working in Lagos, I would be furious to see an artist, chosen by a European curator, going to Paris and being shown there as representing Nigerian culture when that artist is totally outside the artistic community in his or her own country.

I also believe it is dangerous for Western operators to bypass cultural differences as well as not giving importance to the difficult history of coming to terms with Western culture, all those generations of hybridity of which Franz Fanon spoke. The predicament of African culture, for example, in coming to terms with Western culture, goes unrecognized (because Western tastes are not particularly interested in African elaborations of formal Greenberg art).

I think such attitudes reflect the presumptions of a Western world that continues to be neocolonial—looking at the rest of the globe just picking and choosing what it likes, putting it on the market. But this way of presenting "difference," which was once identified with "exoticism," does not necessarily help us understand the real differences between our modernity and other cultures which we continue to look at as "outside history." This, I think, is the central issue.

Jean-Hubert Martin: I don't pretend to have an answer to that. I can give bits of answers. I found absolutely ridiculous the continuous criticism of neocolonialism on my part for what I have done because, as I constantly said during this lecture, we live in a world where we are all in touch, where there is no reservation anymore. We must forget that there are still protected cultures. We are linked, in contact, in touch, so in no way would it be preferable to leave Tokoudagba just to his sacred network in Abomey and really stop him from having a painting exhibited in a museum. This is part of the world of today. Of course, I'm bringing them into something completely different, but this is what we are doing all the time.

A. D.: But the relationship is not reciprocal: no Lagos curator could have the same possibility. Or would he look at our culture in the same way?

J.-H. M.: First of all, if you talk about a Lagos curator, you have to give me a name. We are looking desperately for African curators. Simon Njami, for example, was born in Cameroon but he lives in Paris.

Carlos Basualdo: I am sure that you know very well the institutional situation outside Europe and in the United States. That is the reason people like me have to work in-between, basically, the places where we were born and the places where we live. There are sociological, political, and economic reasons for that. We are talking about people that have that background and understand that background from a perspective which is somehow multicultural. Most of them have been trained in their countries and went on with their careers outside. There are many people like that.

J.-H. M.: I totally agree with you, but let me quote a simple fact. We are organizing an exhibition of contemporary African art. Simon Njami is the curator. We have a committee and we are working on the catalogue. It's very difficult to find African curators or critics who can write for the catalogue. We don't want to have white people writing again in this catalogue. Any advice is good; give me some names.

C. B.: If you look at the book that Okwui Enwezor and Olu Oguibe edited a couple of years ago about contemporary African art—and I assume that you know that book—you will find many interesting names there.

A. D.: Probably the most important thing to understand is that each curator has the responsibility of knowing and understanding the culture of the countries from which he or she selects artists. You cannot be entirely ignorant of the cultures in which you are operating.

C. B.: I want to elaborate a little bit further this argument about finding people locally who are not able to write about art. I heard it many times also regarding South America. It's true that you won't find people who are trained the same way people are trained in the United States. Maybe you could find a lot of people who are working in fiction and who are also able to address art. You will also find artists who produce their own writing, like Oiticica.

The main question is the perspective from which we look. If we assume a Eurocentric perspective, then we will only find certain very specific cases (or the deviation from those cases). But if we are trying to work within the parameters that are locally in action, I think we will find a lot of interesting people, because these cultures are rich, enriched by so many perspectives. So I think that maybe the effort is to try to understand how these cultures actually work from within the system itself.

A. D.: Which just cannot avoid complexity and complex points of view.

Marcella Vanzo: I would also like to ask a question concerning the approach. If adopted literally, such an approach—putting in museums beautiful objects made by great European craftsmen, doing a splendid exhibition—brings to light a big contradiction. It would be uncanny somehow.

J.-H. M.: I think that there are so many approaches in the European-American art world, that what you call "uncanny" exists sometimes. I mean, we have shows that go much further than this sort of 'integrist' network of the art world, where design, fashion, architecture or whatever is included.

Alessandra Gnecchi: I just want to thank Jean-Hubert Martin for sustaining so clearly his point of view, which I do share wholly, because my personal experience with aesthetics and art does wholly correspond to what he presented. I was just wondering if you are familiar with an exhibition on African art which I have just seen in Turin and does show, in an incredibly explicit way, how to look at African art from a purely artistic point of view—and it is very, very, very effective.

The second thing I wanted to say is just a consideration, which came to my mind while you were speaking. I just wonder if we are going back to the "Wunderkammer," in which "Wunder" in modern terms would be just creativity.

Francesca Pasini: Speaking of a different approach, I feel that the first responsibility we have as Westerners is to consider the difficulties *we* have in our attempt to establish a dialogue with a culture we are not familiar with. It is easy to create a "specularity" which, although desirable, can be a sign of a neocolonial attitude. Getting to know each other might be difficult to regulate and to solve.

It would be hypocritical to state that Western supremacy does not exist. The name of the game is to modify our interpretation categories. Do we really want to change them and try to get to know the other, in spite of the difficulties, or do we simply want to be a little bit more democratic? I think that the only possible approach is to start from within ourselves. What I'm interested in when I look at the huge number of works of art coming from the so-called "other worlds" is to understand their influence on me rather than what they are trying to portray.

Jota Castro: I'm an artist and a lawyer, therefore I know the EU eastward enlargement thoroughly. I must say that the information we get is not exact. Speaking of what Lóránd Hegyi said this morning, I'm at a loss to hear that we can talk about "the other" only in dialectic terms, which means that one exists only if related to the other. The European Community has created a ghost, namely the idea that with the new members, the EU policy is going to invest a lot in culture. This is not true, because the budget of the European Community has been frozen for the next seven years.

In addition, the legal framework provides for cultural financing projects to involve the Eastern European countries. Nowadays, the hype seems to be this new Eastern European *Eldorado*. Everybody wants to carry out projects with the Eastern European countries, but against this backdrop, I think it will be very difficult to achieve something really interesting.

And now to Mr. Martin, I have an interesting problem with you, because of my "transculturalization." I am from Latin America, from a little town that appeared on the map of my country only two years ago, but I am appalled at this kind of communication and transculturalization of Europe and the rest of the world. If "Les Magiciens de la Terre" became a metric alone for art from outside the Western world, then there are enormous problems for people like me—for I don't need my ethnicity to become a commentator of my work.

You talked about various events and subjects. You talked about the organization of information with non-Western artists, land governance with the Australian persons, housing problems with the African women, religion problems, health problems with the medicine men, conservation of rituals, need for mysticism in relation with the Chinese situation. We are talking about the creation of souvenirs; that is the reason why an operation of this kind started.

As an artist, I am not necessarily interested in defining my work, because I am in the middle of the situation. Yet, when I read theories of exhibitions like "Les Magiciens de la Terre," I reflect about the situation and the only term that comes to mind is the French word *mandarins*. You become the *mandarin* of the art that people like me produce. This is a terrible situation, because you reflect some kind of new French school, a very conservative one, whose aim is to create a very stereotypical way, a moral way to show art. All these people coming from all those countries are interesting for you just because they reflect you... This way is not communication of a culture, it is the proof of superiority.

J.-H. M.: There is a lot to say. First of all, if you are an artist, in no way should you make your work for me. Forget me or fight against me. You find I'm a *mandarin*: it is not exactly what I wanted.

Actually, what I tried to show is that my position is far from being accepted. I presented all these examples and these criteria because there are problems.

I don't say at all, in any way, that I have solved any of them. But for me they are real problems, much more interesting, for instance, than many of the issues that are discussed in many contemporary art magazines.

Now, it is definitely up to you to decide whether you want to work as a postmodern artist or as an ethnic artist, if we take these two extremes. This is a hard decision, which you have to make as an artist. But it is open, it is absolutely open. All the artists I've been really interested in have always found the resource of the creation of their work in their culture, in their childhood, and in their education. I don't know at all which are yours, but this is your problem as an artist. I'm a curator and you are an artist.

Nowadays there are many African artists who refuse to go in shows like the one I was mentioning before, because they think it is going back to a certain view they refuse. And I respect that totally.

Nevertheless, my task is not only to work for the small network of the contemporary art world, but for the large public. And among the large public, there is a great need to know other cultures, like the many ones of Africa; and to better know their current evolutions as well as the way they adapt themselves to a constant contact with our world, a contact that is always violent and hard.

C. B.: I really admire your resilience, because I'm sure you have been attacked so many times—maybe you even like it at this point... I think that in your discourse it is clear that what allows you to put together Richard Long and some Indian painters is the possibility to refer them to a category that, at least in your mind, is related to "art" or "creation." It looks to me that such a category for you is not historical, but it is a transcendental one. I think that, within the complex framework of modernity, of what modernity may mean, the category of art is not transcendental, but historical. If it is a historical category, it means that it's mostly a language. In order to speak that language, there is a set of rules that we have to know.

I think that it's interesting that the kind of language that you are proposing is a language that, in your own words, precludes translation. At the end of your lecture you said: "I'm not so much interested in these forms of translation." Now, if it is a language, it is always already translated. Unless we believe that there is some kind of ideal and original language, in which there is no translation because its words are identical with the things that they designate—which is maybe the language of religion. But this is definitely not the language of modernity, or the way in which within modernity we understand language.

I'm talking "in" translation, as you are talking "in" translation. I know that you talk about translation, about forms of translation and about an understanding of modernity as translation. I think, if I may translate you somehow, that our experiences are those of people whose life has always been a life of translation. And the problem is that the very fact of translation is not acknowledged in your position.

J-H. M.: I agree with most of what you said. When you critically affirm that my point of view is not historical, I would rather say that it is anthropological. It has to do with a certain idea of what man is capable of doing in different situations in time and space, and this is anthropology.

C. B.: I would like to ask you: To what anthropology are you referring? I've always been very interested in the most recent developments in anthropology, and I do not think that anthropology has remained a stable field of knowledge. Anthropology itself is affected by historical developments. Your point of view belongs to a certain way of understanding anthropology, which should be historicized at this point.

Lóránd Hegyi: I think it is basically historicized, because the moment then that this consideration arises, it is of course an historical moment. Whether you want it or not, an anthropological point of view is always an historical product. That's why I invited Jean-Hubert Martin to speak here. His activity reflects on one side a reality pertaining to different cultures which are also very heterogeneous inside and are working and consuming images, information, even values, or fragments of values, from other cultures. (And how can we say that visual art should not be involved in this consideration?)

On the other side, even the anthropological aspect is very strong. The presentation of Australian aborigines (as well as Richard Long working beside the Indian artist) raises the question of whether these artists are speaking, at the very end, about the same question. I think that such an anthropological point of view doesn't work with the abstract category of art, because it is not based only on art.

There are anthropologically determined functions and different cultures, different people in different contexts are speaking also differently, but at the very end there are really some basic questions like death, time, and nature, and they are expressed in different contexts. That's why I think that it is very difficult to understand these exhibitions.

We must know the context, so we must make many more steps in knowledge, and then we can understand certain aspects. I think, again, there is a certain kind of responsibility even on the consumers' side.

C. B.: I think that you accepted what I was saying about new anthropology. I am referring to an anthropology of values. It contests the existence of such things as a transcendental notion of what constitutes humanity, as well as an understanding of art as transcendental category. That's why I refuse to say that all aesthetic production refers to some fundamentals that are shared by all and that constitute our common humanity.

What constitutes our common humanity has been thought and rethought not only by current anthropologists, but also by philosophy. There is a very interesting group of Italian philosophers who recently published an issue of a new journal, *Forme di Vita*, on the notion of human nature, questioning exactly how to think about it in this time in which the very fact of life seems to be controlled politically, on the connection between language, life, and human beings. All these issues are being thoroughly revised and rethought right now. That's the reason why I allowed myself this long excursus, in order to try to question any kind of notion that will pose itself as transcendental.

[Panel discussion continues following presentations by Carlos Basualdo: "Tropicália" and Hasegawa Yuko: "Cultural Feedback Between Europe and Asia..."]

Francesca Recchia: From the debate of this morning I had the feeling that there was hardly any hope of establishing a dialogue among cultures. Carlos Basualdo's speech showed instead that an interdisciplinary work is possible, that there is an intercultural alternative whereby we can avoid either narrow-mindedness and politically correct attitudes (thus avoiding facing and relating with the differences) or pietistic and compliant attitudes, which eventually strengthen the image of an authentic and original culture. Basically, this is the risk highlighted in some of the speeches we have heard today.

C. B.: When we were talking about anthropology, I was thinking of a Brazilian anthropologist in particular, whose name eluded me. His name is Eduardo Viveiros de Castro. Among other things, he worked a lot with Marilyn Strathern and also with Bruno Latour.

A. D.: Speaking of Brazil, it might be interesting to go back to what Basualdo said about the mixture of Brazilian culture and modernism, which involved a group of architects and a number of European intellectuals, such as Lina Bo Bardi. The mixture of European culture and local forms is a typical feature not only of Brazil but of Latin America as a whole; it provides momentum and conveys an idea of the future. Probably such a thing does not exist in Europe any more, but it is very deeply felt in Latin America. However, we must acknowledge that each reality is something unique and special, as shown by the speech delivered by Hasegawa. I think that in Japan the meeting of East and West is more problematic.

The difficulties may concern identity, involving not only the identity of art but also the hybrid identity of the Japanese public and artist relating with the European and Western contemporary art world. Would you like to comment on this? Which are the difficulties with your tradition and the European values or the juxtaposition of values?

Hasegawa Yuko: I just mentioned hierarchy and the fine art tradition in Japan. It is really disputable. All the artists, also the museum professionals, are really respected in Europe. When artists come to Europe and make a project here, they are much more respected for what they have done than in Japan. This is why sometimes, for them, it's more encouraging to be an artist in Europe. They are very aware of the responsibility, of the role of the artist himself. Sometimes when they come back to Japan, they cannot continue on the same project that they did in Europe.

In Japan as well as in other Asian countries, artists experience a sort of "departure" from their cultural environment. There are also differences in the ways artists assume to be different, which means that an artist from Asia has to work with double standards.

J. C.: Why don't *nisei* people (the name for Japanese immigrants) create anything in South America? Two million Peruvians are originally from Japan and Brazil has three million. *Nisei* do not participate in the "Tropicália Culture," apart from Isamu Noguchi, who was a mix of Japanese and American, and "O Globo," which is a *nisei* creation and is probably the only case of a totally imported transcultural operation in the history of Brazilian culture.

C. B.: In Brazil, the Japanese community is very active. Ricardo Ohtake, whether you like his work or not, is considered one of the most important architects today in that country.

Furthermore—but this is another issue... I don't want to give the impression [that one should] consider Brazil as a kind of paradise. I'm trying to present a situation of extreme instability, politically and culturally. It is also a country that has a tremendous level of social injustice. When I'm talking about this cultural model, I'm not saying that this is hegemonic in any sense or reflects the overall situation of the country at all.

J. C.: Why [do] people in Europe like *Kawai* culture, this beautiful culture, with a very simple aesthetic of *bon-ton*? Takashi Murakami is an example of the vision of popular culture in Japan. Why do you think Europeans are so interested in that?

Y. H.: Because, as I said, Takashi Murakami's work is presented differently in Europe, in the United States, or in Japan. In Japan his work is absorbed by a lot of other pop icons. Here, instead, there is very little environment like that, and his works are perceived as outstanding and exclusive, a kind of boast of modernism. His work is unique and also there are very few similar images around. It is received in a very different way in Japan, in Europe, and in the Western countries.

Maria Paola Spinelli: I would like to make a few remarks on the topic of the conference, namely "Europe and the "Others"" and on the East-West polarization. I think that this is an outdated view. Global and local are no longer diametrically opposed. Therefore, it should be advisable to adopt once again the word "glocal," a word which instead of stressing polarization, highlights the unifying elements with which we should review the concept of identity. To this respect, I like to quote Martin Jay, a follower of the Frankfurt School, who prefers the concept of tossed salad—where all elements create a salad but remain unique—to the concept of melting pot to describe the meeting of cultures.

A. D.: Undoubtedly, today one of the main features is that East and West in absolute terms do not exist any more, but have been replaced by an increasing number of hybrids and sub-communities. The effect is often destructuring in terms of a sense of belonging and shared values, which are necessary to identify societies.

Roberto Pinto: I would like to invite Carlos Basualdo to take a step back from what he said this morning about the exhibition, which is a wonderful metaphor of what is happening as well as the result of a happy coincidence that brought artists, musicians, and writers to work together. I would like him to elaborate a bit on Documenta, because he was one of its leading figures and because Documenta is somehow a focal point for the debate on identity.

I would like him to weigh the outcome of his experience. Martin has opened the debate with "Les Magiciens de la Terre," and Documenta 2002 seems to be the next step; therefore it would be a pity not to talk about it.

C. B.: I think that for the people who were involved in the exhibition, Documenta was so much of a life experience and is still so close that it is very hard to relate to critically. Furthermore, if you ask several members of the team what they think of Documenta, they would probably give you disparate opinions.

Documenta was a product of a lot of dialogue but also of a lot of confrontation between the members of the team. Although Documenta had clearly a direction, that direction was the product of many voices, of many conversations that produced the actual exhibition.

I would say that one of the things that we tried to do was to think of a complex topology of culture. The geography of culture has always been very complex and never respected national borders. I like very much to think of Jorge Luis Borges and his idea of the space of culture as a labyrinthine space. In Borges there is always this image of a man who one day in the life of the spirit can open the doors of a café in Buenos Aires and ends up sitting at a table in Prague or in Cairo. I think that Borges' labyrinth metaphor is a metaphor of the way in which culture has always been produced.

By saying that we wanted to create a complex topology of culture, I'm not saying anything original; but for some reason it looks like that in the context of modern and contemporary art. To understand why this happens we could maybe invoke the refashioning of a certain idea of what modern art is, through what happened in the Museum of Modern Art in New York since it was founded, for example. Or maybe we could speak about the recuperation of modern art in Europe after the war, through exhibitions like Documenta itself.

I think that we can find these moments in which the complexity of modern art was recast into a history of forms. It was a very linear history, avoiding all the textures that modernism originally had, and the multiplicity of the voices it gave shape to. I was surprised to look at some of the works that Lóránd Hegyi showed today. We still have the right to wonder in a loud voice: why those works are not shown and explored, with all the resonances and consequences for the canonical history of modern art and also of our own thinking of history that such an exploration might bring us?

What we tried to do—and it was a very difficult pair of shoes to fit in—was to think about the possible model of a complex geography of culture. We tried to do it not only through the exhibition, but also through a series of conferences. We called them *Platforms*. Francesca Recchia worked very close with us during the process, for the preparation of Documenta, and helped us both with the exhibition and the platforms. I think we succeeded partially, but I don't know if it is possible to succeed completely in such an enterprise. Constructing a more complex notion of what modernism is was in large part the intention of the research and I wish that if we have to be judged for our work, we'd be judged against that hope.

A. D. : From my point of view, one of the interesting things about Documenta was the desire to map a territory, the desire to render visible a whole series of issues and put them on the map, which obviously meant necessarily a choice. I think that is probably one of the most interesting aspects. It really was reconnaissance, if you like.

F. R.: Documenta was a cultural project in the broadest sense of the word. As Carlos said, perhaps we cannot define it a success, but methodologically, I think that the very fact that the possibility of failure was considered as an integral part of the process was one of the most important achievements of Documenta.

As far as my experience is concerned, the steady focus on discussion and debate was crucial to me: this project was the result of confrontation and sometimes heated discussions, as we have seen both externally and internally.

I was a member of a team of nine young artists, researchers, and curators of the exhibition. The hidden platform consisted in keeping critical thinking throughout the preparation of the exhibition. To me, this was the bravest deed of the curators, because they entrusted their project to

nine people who had the chance to break down their expertise as curators, their relationships and their activities in minute detail.

From an intellectual viewpoint, it was an unparalleled and extremely
praiseworthy project that provided the chance to create a new form of
communication and a more open practice, which might otherwise be
extremely authoritarian. Perhaps one of the challenges a curator must
face today is to be open to dialogue and to an exchange of opinions.

C. B.: I remember that during the press conference for Documenta 11,
when I was talking about this notion of constructing a more complex
geography of culture, Okwui Enwezor said something that was very
striking: "Very often, I hear people referring to myself as a 'non-Western
person.' I don't want my identity to be referred to through a negation."
I wonder if he understood the philosophical implication of what he was
saying... "I don't want my identity to be defined in negative terms." And
when he was saying "my identity," of course he was speaking in general about the attempt of avoiding any definition of identity through
negation.

A. D.: That is a very interesting point. I went to school in England. It was
a Catholic convent, and everybody outside the school was "non-
Catholic." I think that's the kind of psychological mechanism.

One of the most interesting features of Documenta is the position of
one of its curators, Sarat Maharaj. The difficulty of translation lies in
that often what is transferred from one culture to another are the simplest and most trivial things and not the most peculiar features and
those which are the hardest to come to know. The most significant
aspect of knowledge and diversity is the desire to analyze the difficulty
of translation, a process that is never immediate.

J.-H. M.: We could draw a sort of history of the total misunderstanding.
We think that our scientific and rational way of thinking leads us always
to the idea that there is somewhere a true interpretation of an object.
Any human-made object, whether it is a work of art or not, has at a certain point a true interpretation, which is absurd, because there is nothing true, there is not a truth of an object. A certain kind of ethnology
three decades ago tried to define a real function of an object into a specific ritual. It is very easy to understand that you just need to ask several people from different social levels if they are initiated or not in a ritual, and they will give you completely different interpretations. This is
true also within a culture: there is not a true interpretation of an object.
When you get from one culture to another, intercultural interpretation
is full of misunderstanding. Nevertheless, there is a sort of delayed communication.

You have to agree as Westerners that it is not only about rational thinking, but also about feelings, emotions, sensitivity, and first of all it is

visual. We have a sort of feeling about it, and this is not always wrong; sometimes it is, but sometimes it is right, too. You have to check that afterwards and see whether it corresponds to anything within this culture and the knowledge you have.

Let's think of the African masks. Usually, in museums or in literature, there are four or five categories in which these masks are interpreted: as initiation ritual or funeral ritual, etc. Once you've known that, you know nothing. You know about a category, but you know nothing about the use of the item.

We constantly need to know more about things, and actually I am usually completely disappointed about the explanation that I get in ethnological literature and in ethnology museums, because it doesn't explain to me actually how they really worked when they were in use.

I think this should bring us to a sort of relativity. Hasegawa Yuko said before that the Japanese artists have a double standard that they use in Japan and that they use in Europe, and they know very well how to use it. It is not very difficult to understand that. We are all dealing with different levels.

I will address a question to Carlos Basualdo. I understood more of what you said this morning about translation after you gave your speech. Actually, what I heard several times again in the artists you described is that they reproduced a modernist stereotype: they were affected by popular culture and they reinterpreted it for an elitist public. This is a constant stereotype of modernity, one with which I have a lot of problems. This is why I would like to go directly to the origin, to the sources, in order to stop the constant reinterpretation of things we have access to. If it were something we hadn't access to, I could understand—it needs to be shown in one way or another—but since we have access to that, why not show the real source?

We know that old morality throughout the 20th century has been fed on one side with popular culture circles, fears, and primitivism. I think this time is over now, and we should think in another way.

C. B.: I will answer by trying to read more closely the work itself. In 1959, a group of artists from Rio de Janeiro—among them Hélio Oiticica and Lygia Clark—wrote the so-called "Neo-concrete Manifesto." One of the first sentences of the manifesto states the necessity to recuperate the tradition of constructivism, but they interpreted constructivism as a form of expression, which seems to be a contradiction in terms of the standard definition of expressionism understood as an art movement.

They would then give the example of Mondrian, considered as an "expressive" artist. If we take that literally, it would mean that the subject expressed by constructivism is not a traditional subject.

If constructivism expresses, the subject that it expresses is a different subject—in this way the Neo-concrete manifesto amounts to a rethinking of subjective formations themselves.

I think that the point of departure for the group might be a certain reading of phenomenology. Merleau-Ponty was as important for Ferreira Gulla as for the minimalists in the United States. I don't think that for Oiticica the *favela* was any kind of primary material. I don't think he related to the *favelas* in that sense. He saw in the *favelas* a way to question his own practice. What I would say is that a reverse anthropology, an anthropology of the self (as the one suggested, among others, by James Clifford) is what went on with these people and these practices.

My point of departure for the "Tropicália" exhibition is that I am talking about different interpretations of modernity. What I see happening in the context of Tropicália is a certain use of experience to question the very premises of these people's practices in that context.

The recourse to non-syncretic forms—as opposed to the use of forms in which the tensions are somehow resolved—is not a solution in the sense that those forms don't solve anything. Instead, they present experiences as contradictory—and as contradictions. That's why I tried to describe them through the model of the collage. I think that these are extreme forms of collage.

Within Tropicália, we can find the very same process throughout many cultural practitioners. One of the interesting and exciting things about them is that they don't pretend to solve anything. This is not the aesthetic experience conceived as a resolution of conflicts, but it is the aesthetic experience as an experience of conflicts, as a conflicting experience. For me that is what modernity is all about: modernity is about values emerging from conflicting relations and not from any kind of previous tradition of hierarchy. This is the revolutionary potential of modernity. As you said, my interpretation is very much based on my practice. What I feel is a strong need to recuperate and to deepen an understanding of the relational values that found modernity.

L. H.: It is a very interesting phenomenon that often, when different periods of European modernism were taken in another context, this second interpretation came back to the original context much nearer than the European interpretation in the '20s, '30s, '40s and '50s, which was always more formalistic.

In the case of Buenos Aires modernism in the '40s, I see also a certain kind of coming back to some forgotten and original Russian constructivism. We say constructivism, but a lot of times we associate it with geometrical abstraction. The geometrical abstraction, though, was a product at the level of formal language but not at all the nucleus, the center of the so-called constructivism. Also in the Brazilian modernism—modernism is not even a good expression, since it is very much connected to the '20s in Europe—they came back to some very essential and central idea of Russian avant-garde, that means a certain form of art which is in the collective activity, in experimenting with different sensualities, without a rigid and formalistic way, and using in a certain way abstract forms—like Rodchenko with his color experiments. For me, some of the works of Oiticica are really very much related to Rodchenko. It is not possible to explain Rodchenko as monochromatic, because it was monochromatic by chance. He did not concentrate on the problem of monochromatism as a coloristic problem. It was a radicalization of sensuality in a completely different context, and now is interpreted in a more sterile and formalistic way. We forget the original context, which was very much in the center of modernism outside the European context. Brazilian or Argentine modernism in the '50s, '60s and '70s was much more related to this original context than the North American interpretation of the '50s, which actually was more a misunderstanding. As it is showed by the book of Camilla Gray, *The Russian Experiment in Art*—an interpretation of Russian conceptualism as a forerunner of minimalism, completely isolated from the social context.

It is very interesting how you can re-find the original in late interpretations.

C. B.: I totally agree with you, but we can only do that if we consider these forms in dialogue with the earlier forms, if we consider an expanded historical field, which ultimately amounts to rethinking art history and the very mechanisms of historical knowledge itself.

If we just consider that these people did some kind of exotic version of modernism, if we don't see the way experience was used in order to interrogate the very bases of modernity itself, then I think we miss the point and we miss the opportunity to make a significant historical contribution.

Ugo Simeone: Speaking of translation, I think that we must acknowledge the other cultures not only by exhibiting them in museums, but also as an act of faith. As far as the concept of "West" is concerned, I think that undoubtedly modern art acknowledges the complexity of diversity, but when it translates such complexity in a museum, there is always a danger of standardization and of reverting to an identifiable language.

C. B.: I think that's exactly the point. Of course the exhibition apparatus is not anecdotic. There is a history of exhibition design and if we trace that history we see that in early modernism, it was an experimental field. People were not thinking about exhibition practice as divorced from the art work. It was somehow a fundamental part of its reception. They were thinking about a continuum, of which the exhibition devices and the work were part.

If we want to rethink this historical field, we have to rethink exhibition practice itself, which became as formalized as the canonical history that it ended up telling. I think it is a contradiction, reaching the point of absurdity, to question this historical field without questioning the ways in which to show it, to present it, and to reflect on it.

Federico Rahola: I totally agree with Basualdo when he suggests interpreting modernity in terms of conflict, as something unsolved and unsolvable, which subverts all hierarchy. To this respect, I would like to quote a book by an Indian historian, Dipesh Chakrabarty, whose title could also be the topic of this forum: *Provincializing Europe.* I feel that both Documenta and the exhibition project Basualdo is finalizing are good examples of cultural policies acquiring a critical dimension of modernity and subverting any idea of center, any origin through which we can "orientalize" the others by situating them in a geographic, political, and artistic context—and in so doing, by reproducing borders.

Basically, what is at stake is the possibility to create forms of subjectivity that escape stereotypes and univocal definitions and directly assume modernity as a battleground. Chakrabarty, for instance, argues that in India as well as in Brazil, the very idea of modernity can hardly be viable without resorting to concepts conceived in Europe, which are somehow turned against Europe as a challenge, or rather, as Chakrabarty puts it, as a feeling of anti-colonial "gratitude."

Y. H.: I would like to make one more observation about the interpretation and misinterpretation that we were discussing. Sometimes I feel very guilty as a museum curator. I just make an exhibition, with a lot of knowledge and information with it. This is my role, because behind this I was just thinking: "What's the story, what's the knowledge, the background behind?" But sometimes misinterpretation happens with that knowledge. Concerning the Russian avant-garde, in the '30s and '40s there were many children's books with pictures, imported into Japan and directly influencing Japanese manners, comics, and pictures. That contributed to create a very interesting culture in Japan, because we don't have any knowledge behind.

Sometimes I just want to let it be, because culture is search, culture is color, images, very strong, full of feedback. Those kind of pictures give any idea. Cultural difference is very interesting considering its translation and its misinterpretation. Now we are shifting to a second stage in globalization. So many young artists are sharing the same information, the same kind of media, also the same kind of methodology, because also they are making a reporting on their own private life, and also sensitivity, their micro-commitment to the society. It looks like many similar types of artworks are coming.

In this stage, maybe another issue raises up, because in each country there is a different kind of political consensus about what culture is, what contemporary art is. But sometimes, one takes the decision about what is contemporary, or about some other cultural and social activities. This kind of consensus is becoming a big issue; I see it all over the world, because what I say about consensus on the definition of art is a political meaning. Europe is very strong, but there are other countries that are very unstable.

Per saperne di più su Charta
ed essere sempre aggiornato
sulle novità, entra in

To find out more about Charta,
and to learn about our most recent
publications, visit

www.chartaartbooks.it

Finito di stampare nel giugno 2004
da Tipografia Rumor, Vicenza
per conto di Edizioni Charta